ORI XÁS 2023

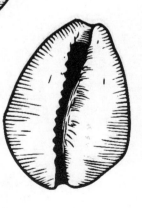
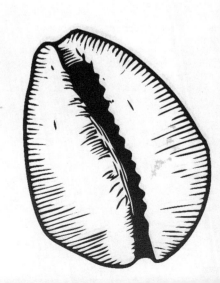

DADOS PESSOAIS

Nome: _____

Endereço: _____

_____

Cidade: _____ UF: _____ CEP:_____ - _____

Tel.: (___) _____-_____ Cel.: (___) _____-_____

E-mail: _____

Website: _____

DADOS COMERCIAIS

Nome: _____

Endereço: _____

_____

Cidade: _____ UF: _____ CEP:_____ - _____

Tel.: (___) _____-_____ Cel.: (___) _____-_____

E-mail: _____

Website: _____

INFORMAÇÕES IMPORTANTES:

Tipo sanguíneo: _____ Fator RH: ( ) Positivo ( ) Negativo

Alergias: _____

_____

Em caso de acidente ou perda deste diário, avisar a:

Nome: _____Telefone: (___) _____-_____

Nome: _____Telefone: (___) _____-_____

Outras informações: _____

_____

_____

_____

CALENDÁRIO 2023

JANEIRO

D	S	T	Q	Q	S	S
1	2	3	4	5	6	7
8	9	10	11	12	13	14
15	16	17	18	19	20	21
22	23	24	25	26	27	28
29	30	31				

FEVEREIRO

D	S	T	Q	Q	S	S
			1	2	3	4
5	6	7	8	9	10	11
12	13	14	15	16	17	18
19	20	21	22	23	24	25
26	27	28				

MARÇO

D	S	T	Q	Q	S	S
			1	2	3	4
5	6	7	8	9	10	11
12	13	14	15	16	17	18
19	20	21	22	23	24	25
26	27	28	29	30	31	

ABRIL

D	S	T	Q	Q	S	S
						1
2	3	4	5	6	7	8
9	10	11	12	13	14	15
16	17	18	19	20	21	22
23	24	25	26	27	28	29
30						

MAIO

D	S	T	Q	Q	S	S
	1	2	3	4	5	6
7	8	9	10	11	12	13
14	15	16	17	18	19	20
21	22	23	24	25	26	27
28	29	30	31			

JUNHO

D	S	T	Q	Q	S	S
				1	2	3
4	5	6	7	8	9	10
11	12	13	14	15	16	17
18	19	20	21	22	23	24
25	26	27	28	29	30	

JULHO

D	S	T	Q	Q	S	S
						1
2	3	4	5	6	7	8
9	10	11	12	13	14	15
16	17	18	19	20	21	22
23	24	25	26	27	28	29
30	31					

AGOSTO

D	S	T	Q	Q	S	S
	1	2	3	4	5	
6	7	8	9	10	11	12
13	14	15	16	17	18	19
20	21	22	23	24	25	26
27	28	29	30	31		

SETEMBRO

D	S	T	Q	Q	S	S
					1	2
3	4	5	6	7	8	9
10	11	12	13	14	15	16
17	18	19	20	21	22	23
24	25	26	27	28	29	30

OUTUBRO

D	S	T	Q	Q	S	S
1	2	3	4	5	6	7
8	9	10	11	12	13	14
15	16	17	18	19	20	21
22	23	24	25	26	27	28
29	30	31				

NOVEMBRO

D	S	T	Q	Q	S	S
			1	2	3	4
5	6	7	8	9	10	11
12	13	14	15	16	17	18
19	20	21	22	23	24	25
26	27	28	29	30		

DEZEMBRO

D	S	T	Q	Q	S	S
					1	2
3	4	5	6	7	8	9
10	11	12	13	14	15	16
17	18	19	20	21	22	23
24	25	26	27	28	29	30
31						

FERIADOS NACIONAIS

01/01	Confraternização Universal
20/02	Carnaval
21/02	Carnaval
07/04	Paixão de Cristo
21/04	Tiradentes
01/05	Dia do Trabalho
08/06	Corpus Christi
07/09	Independência do Brasil
12/10	Nossa Sra. Aparecida - Padroeira do Brasil
02/11	Finados
15/11	Proclamação da República
25/12	Natal

CALENDÁRIO 2024

JANEIRO

D	S	T	Q	Q	S	S
	1	2	3	4	5	6
7	8	9	10	11	12	13
14	15	16	17	18	19	20
21	22	23	24	25	26	27
28	29	30	31			

FEVEREIRO

D	S	T	Q	Q	S	S
				1	2	3
4	5	6	7	8	9	10
11	12	13	14	15	16	17
18	19	20	21	22	23	24
25	26	27	28	29		

MARÇO

D	S	T	Q	Q	S	S
					1	2
3	4	5	6	7	8	9
10	11	12	13	14	15	16
17	18	19	20	21	22	23
24	25	26	27	28	29	30
31						

ABRIL

D	S	T	Q	Q	S	S
	1	2	3	4	5	6
7	8	9	10	11	12	13
14	15	16	17	18	19	20
21	22	23	24	25	26	27
28	29	30				

MAIO

D	S	T	Q	Q	S	S
			1	2	3	4
5	6	7	8	9	10	11
12	13	14	15	16	17	18
19	20	21	22	23	24	25
26	27	28	29	30	31	

JUNHO

D	S	T	Q	Q	S	S
						1
2	3	4	5	6	7	8
9	10	11	12	13	14	15
16	17	18	19	20	21	22
23	24	25	26	27	28	29
30						

JULHO

D	S	T	Q	Q	S	S
	1	2	3	4	5	6
7	8	9	10	11	12	13
14	15	16	17	18	19	20
21	22	23	24	25	26	27
28	29	30	31			

AGOSTO

D	S	T	Q	Q	S	S
				1	2	3
4	5	6	7	8	9	10
11	12	13	14	15	16	17
18	19	20	21	22	23	24
25	26	27	28	29	30	31

SETEMBRO

D	S	T	Q	Q	S	S
1	2	3	4	5	6	7
8	9	10	11	12	13	14
15	16	17	18	19	20	21
22	23	24	25	26	27	28
29	30					

OUTUBRO

D	S	T	Q	Q	S	S
		1	2	3	4	5
6	7	8	9	10	11	12
13	14	15	16	17	18	19
20	21	22	23	24	25	26
27	28	29	30	31		

NOVEMBRO

D	S	T	Q	Q	S	S
					1	2
3	4	5	6	7	8	9
10	11	12	13	14	15	16
17	18	19	20	21	22	23
24	25	26	27	28	29	30

DEZEMBRO

D	S	T	Q	Q	S	S
1	2	3	4	5	6	7
8	9	10	11	12	13	14
15	16	17	18	19	20	21
22	23	24	25	26	27	28
29	30	31				

FERIADOS NACIONAIS

01/01	Confraternização Universal
12/02	Carnaval
13/02	Carnaval
29/03	Paixão de Cristo
21/04	Tiradentes
01/05	Dia do Trabalho
30/05	Corpus Christi
07/09	Independência do Brasil
12/10	Nossa Sra. Aparecida - Padroeira do Brasil
02/11	Finados
15/11	Proclamação da República
25/12	Natal

CARTA DE COMPROMISSO PESSOAL

Eu, _____,
firmo esta Carta de Compromisso Pessoal comigo mesma, de maneira pessoal e sincera, reconhecendo que de agora em diante serei a única pessoa responsável pela minha vida!

Compreendo e aceito o fato de que muitas das situações vividas no dia-a-dia estão fora do meu controle, mas que sobre todas elas tenho sempre a escolha de insistir ou deixá-las ir.

Reconheço que até hoje, por diversas vezes, resisti em admitir que muito sofrimento e dor poderiam ter sido evitadas ou modificadas se eu tivesse tido a coragem necessária para olhar sinceramente para dentro de mim mesma e encarado minha sombra.

Ainda assim, não me culpo por isso. Sou humana e, por isso mesmo, estou em constante aprendizado e evolução. Dessa maneira, assumo de agora em diante esse compromisso comigo, em nome da minha felicidade.

Desse momento em diante me liberto de todas as cargas negativas do passado e decido conscientemente conhecer melhor a mim mesma e despertar a minha melhor versão.

_____

Eu, no primeiro dia do melhor ano da minha vida.

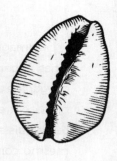
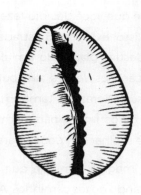

ODUS

Os Caminhos do Destino e as Chaves do Eu Interior

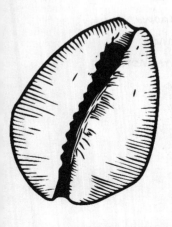

Imagine que você decidiu fazer uma viagem de férias e, para isso, existem 16 estradas principais para chegar até o destino planejado. Em algumas delas o sol brilha entre campos verdes; em outras, há chuvas e temporais assustadores. Há também aquelas em que, mesmo com garoa fina, a paisagem é encantadora e vale a pena se molhar um pouco para apreciá-la.

Agora, imagine também que essas estradas se interligam criando novos caminhos. Ao começar sua viagem você se organiza para seguir determinado trajeto, mas no decorrer do passeio avista uma placa indicando algum ponto turístico que lhe interessa, ou fura um pneu, ou decide pegar um desvio para fazer um lanche. Cada curva dessas estradas, cada mudança de trajeto, lhe traz novas opções de viagem, novas paisagens e novos desafios, e conforme o tempo passa, mesmo que o seu destino final continue o mesmo, você descobre inúmeras experiências e acontecimentos que nunca antes havia pensado, simplesmente porque decidiu mudar o roteiro original da sua viagem.

Na vida e na forma como vivemos
a vida os Odus são essas estradas,
servindo como possíveis caminhos
para que você desenvolva as suas melhores
capacidades e experimente
as dores e as delícias de viver.

Numa outra analogia: é como se cada Odu fosse um leque de possibilidades de vidas, de acontecimentos positivos e negativos, de erros e acertos pelos quais todos poderão passar durante a jornada pela Terra.

Nossa vida é formada por um conjunto desses Odus, por seus cruzamentos e pela combinação dessas possibilidades.

Do ponto de vista espiritualista, os Odus são os signos de Ifá, o Orixá da Sabedoria, identificados e interpretados a partir das posições aberta/fechada das conchas durante a consulta ao *Merindilogun* - o Jogo de Búzios – ou das sementes no *Opelê Ifá* – o oráculo tradicional dos sacerdotes iorubás. É através deles que os Orixás e todas as energias espirituais se comunicam conosco e influenciam o nosso Destino, e pelas quais Exu - o Orixá da Comunicação e do Movimento - recebe nossas oferendas e as leva até os Deuses, trazendo de lá Suas bênçãos.

Os Odus são divididos em dois grupos, totalizando 256 combinações: os 16 principais, chamados *Odu Meji*; e os 240 secundários, chamados *Omo Odu*. Os nomes dos 16 Odus principais são:

- Okaran;
- Ejiokô;
- Etá-Ogunda ou Ogundá;
- Iorossun;
- Oxê;
- Obará;

- Odi;
- Ejiogbê ou Ejionilé;
- Ossá;
- Ofun;
- Owarin;
- Ejilaxeborá;
- Ojiologbon ou Ejiologbon;
- Iká;
- Obeogundá;
- Aláfia.

Cada um dos 256 Odus é representado por inúmeros mitos e lendas próprios que, em suas histórias, trazem conselhos e orientações dos Orixás para as diversas situações da vida religiosa e cotidiana. Pela correta interpretação das mensagens contidas nesses mitos, os sacerdotes identificam as situações que passam na vida de quem os procura e apontam as energias que interferem de maneira positiva ou negativa para isso.

Ao identificarem essas situações, os sacerdotes também diagnosticam a origem desses problemas, indicando as soluções a serem realizadas para cada uma dessas situações. Essas soluções, por sua vez, podem ser atingidas através de uma mudança de atitudes, ou pela correção de algumas escolhas em relação à vida e às pessoas ao seu redor... Podem ser, ainda, que para a solução em questão seja necessária a realização de rituais mágicos e oferendas aos Orixás - chamados comumente pelo nome genérico de *ebós*.

A palavra *ebó*, de origem iorubá, significa alimento, oferenda, e consegue resumir numa única palavra o sentido do culto aos Orixás: alimentar o corpo, a mente e o espírito com as forças da natureza. Não é à toa que a base de todas as religiões de matriz africana sejam as oferendas de comidas votivas.

A culinária brasileira – em especial a baiana -, com origem nas senzalas e nos mercados, representa muito bem essa íntima ligação que os deuses e os seres humanos têm entre si. O professor e pesquisador em antropologia das populações afro-brasileiras e alimentação e cultura Vilson Caetano de Sousa Júnior, no livro "Comida de Santo que se come", descreve essa relação entre a comida e a religião com excelência:

> *"Nas religiões de matriz africana, a comida é entendida como força, dom, energia presente nos grãos, raízes, folhas e frutos que brotam da terra. A comida é a força que alimenta os ancestrais e ao mesmo tempo o meio através do qual a comunidade alcança o mais alto grau de intimidade com o sagrado através da consumação.*
> *[...]*
> *Nas cozinhas dos terreiros, grãos, raízes, folhas, frutos, hortaliças, carnes e bebidas recebem tratamento especial, e através das palavras de encantamento transformam-se em verdadeiros corpos ancestrais que devem ser consumidos pelas comunidades.*
> *[...]*

Nas religiões de matriz africana há comidas provenientes dos sacrifícios [animais], chamadas comidas de ejé, e as comidas secas, aquelas feitas à base de cereais, tubérculos, leguminosas, folhas e frutos.".

Muito mais do que só alimentar, a comida é o que aproxima e une a comunidade e lhe reconecta às divindades, que assim como seus devotos, compartilham dela tornando-se, homens e deuses, um só. Eis um dos maiores segredos trazidos pelos negros escravizados ao Brasil e consolidado nas tradições espirituais e cotidianas: o alimento nutre, fortalece, regozija e cura. Curioso observar, inclusive, que para uma oferenda ser aceita, aquele que a oferece deve sempre, necessariamente, comer a primeira parte após entregá-la, em comunhão a Exu, o comunicador divino.

Ainda sobre essa questão, o *babalawo* Adilson Martins (Ifaleke Aráilé Obi), em seu livro "O Jogo de Búzios por Odu" (*Ed. Pallas, 2012*) nos fala um pouco sobre a cultura africana, em que o físico e o espiritual estão sempre interligados:

"...não cai uma folha de árvore sem que para isso haja uma predeterminação espiritual ou um motivo de fundo religioso.
[...]
As forças superiores são sempre solicitadas na solução dos problemas do quotidiano e, seja qual for a religião de escolha do indivíduo, a prática da magia é sempre adotada na busca de suas

soluções, mesmo que esta prática seja velada ou mascarada com outros nomes. "

É por isso, afinal, que para todo e qualquer problema ou perigo identificado durante a consulta aos Odus, através de seus mitos e significados eles indicarão um ritual mágico – um *ebó* – a fim de que se alcance a solução desejada, como verdadeiros remédios espirituais. Da mesma maneira, para toda situação positiva e satisfatória, a fim de que se mantenham em nossos caminhos, os Odus também indicarão *ebós* que servirão como presente e agrado às divindades, fortalecendo a comunhão entre você e a espiritualidade e, portanto, atraindo e potencializando suas influências em nossas vidas, permitindo que as coisas sigam da forma que desejamos e se multipliquem conforme as indicações contidas naquele Odu.

Um alerta importante, porém, é que assim como todos os Orixás estão relacionados a um ou mais Odus, também todos os *ebós* estão ligados a seus mitos e simbolismos. Por serem remédios espirituais, nenhum *ebó* deve ser realizado sem que, antes, os Odus sejam consultados: como bem disse o médico e físico Paracelso em meados do século XVI, "*a diferença entre o remédio e o veneno é a dose*". Pode parecer estranho pensar dessa maneira quando entendemos que os ebós têm, muitas vezes, aspectos positivos e objetivos de potencializar determinada energia ou situação em nossas vidas; entretanto, é preciso lembrar que o princípio básico da existência humana é o equilíbrio!

Como vimos, cada um dos Odus e das centenas de combinações possíveis entre eles traz em si aspectos positivos e negativos e nós, seres humanos, estamos sujeitos aos dois aspectos de cada uma delas. Para os nossos caminhos transcorram em harmonia e possamos evoluir, nosso *Universo Interior* precisa estar em equilíbrio com as influências do *Mundo Exterior*.

É como eu ensino sobre o uso de banhos de ervas no livro "O Poder das Folhas": ao realizar um ritual para a prosperidade, por exemplo, ainda que o objetivo inicial seja atrair recursos financeiros, de nada adiantará utilizar os ingredientes unicamente destinados a esse fim sem que, antes, estejamos energeticamente preparados para saber administrá-los. Assim como unir todos os ingredientes específicos a um objetivo singular pode transformar o ritual numa verdadeira bomba energética, também a atração ou repulsão de determinada energia que não seja exatamente a que se precisa equilibrar pode, ao invés de curar a dor ou potencializar a bênção, realizar o efeito contrário. Nem sempre o que nos falta é o dinheiro: ele chega e vai embora, sem que percebamos onde ou no quê. Nem sempre o que falta é alguém que nos ame: somos amados, mas exigimos tanto sem dar nada em troca que inconscientemente afastamos as pessoas. Nem sempre o que nos afeta é a doença: temos corpo saudável, mas nossas angústias e medos somatizam no físico o que a alma não é capaz de processar.

A chave para a sua revolução pessoal, para verdadeiramente transformar a sua vida, é justamente entender como cada uma das energias de fora pode ser equilibrada com as energias de dentro, seja através do estudo e trabalho consciente sobre os seus Odus de Nascimento, seja através de rituais de magia, seja através de mudanças profundas no seu comportamento.

As bênçãos dos Orixás vêm a quem se reconhece como um ser único no Universo e tudo no Universo é energia em equilíbrio.

Com isso, chegou a hora de deixarmos um pouco de lado os fundamentos tradicionais africanos e passarmos a aprender como essas energias e seus significados se relacionam com a construção da nossa identidade e personalidade através da numerologia.

Você sabia que, a partir da sua data de nascimento, os Odus também estão relacionados a todas as áreas da nossa vida – como amor, carreira e desafios do destino -, regendo nossas escolhas e a forma como vivemos? Vou te explicar...

Além de trazerem as mensagens dos Orixás sobre os acontecimentos do cotidiano e as orientações sobre como resolver os problemas que se apresentam em nosso dia-a-dia, fazendo um retrato do *Mundo Exterior* no nosso momento presente e de como as energias dele nos influenciam, os Odus também se relacionam com o momento do nascimento de cada um de nós e determinam características marcantes da nossa personalidade, da maneira como pensamos e sentimos e da forma como nos relacionamos com as pessoas e com o Universo.

São os chamados *Odus de Nascimento*, identificados a partir da somatória dos algarismos que compõe nossa data de nascimento, formando um conjunto inicial de seis energias diferentes, como um *Mapa Astral dos Orixás*. Cada uma dessas energias corresponde a uma área da vida: personalidade, identidade, evolução pessoal, carreira e intelectual, relacionamentos interpessoais e amorosos, desafios do destino e revolução interior.

Cada Odu de Nascimento influencia nossas escolhas e decisões sobre a área da vida que rege durante toda nossa existência e o principal deles – chamado *Odu Ori* – atua como se fosse os signos de um *Horóscopo Africano*.

Ao mesmo tempo, além da energia específica desses Odus sobre a área da vida em questão, cada um deles ainda se relaciona aos Orixás desse caminho e recebe influência desses Orixás sobre os aspectos específicos da regência que está sendo analisada, formando inúmeras variações possíveis entre eles. Assim, duas pessoas com o mesmo Odu regente numa das posições do Mapa serão influenciadas diferentemente pela atuação em conjunto do Odu e dos Orixás que se manifestam nele. E se houvesse uma forma de desvendar a própria alma e conhecer os segredos mais íntimos da sua personalidade?

É exatamente isso que a interpretação dos seus Odus de Nascimento faz! Levando você a um verdadeiro mergulho dentro de si, a interpretação detalhada dos seus Odus de Nascimento permite que você conheça e compreenda sua forma de amar e de se relacionar, de se expressar com as pessoas, de lidar com as emoções e enfrentar os desafios do Destino.

A partir dessas interpretações e com o trabalho consciente sobre as características positivas e negativas que carregam, você se torna capaz de se conhecer melhor e entender a dinâmica que o mundo espiritual tem nas suas escolhas e decisões, passando a tomá-las de maneira mais integral e inteligente. Ao olhar para dentro de si e descobrir o seu *Universo Interior*, você também pode contar com a força e o auxílio dos Orixás para te auxiliar na busca pelo sucesso e pela felicidade, construindo uma jornada de autoconhecimento, descobrimento pessoal e vitórias na sua vida.

Assim como na astrologia e na numerologia tradicionais, diversas interpretações e cruzamentos entre essas energias podem ser identificadas, desde a mais simples – como a leitura individual do Odu Principal da sua regência – até as mais complexas – como as subcombinações entre as seis posições principais do Mapa Astral dos Orixás.

Quanto mais profundo o olhar, mais é possível conhecer a personalidade de cada pessoa e a forma como ela se relaciona com o ambiente ao seu redor e consigo. Já pensou poder entender como as pessoas com quem você convive, o lugar onde mora e a sua história em família interferem e influenciam a sua vida – e como você influencia a vida dessas pessoas?

Diferenças entre o Jogo de Búzios e os Odus de Nascimento

A primeira lição parece simples e óbvia, mas o grande erro da maioria das pessoas que vêm consultar o Jogo de Búzios comigo é justamente ignorarem ela, olhando apenas para um ou outro lado da moeda...

Nossa vida e nosso destino são o resultado de dois grandes grupos de energias que se combinam e se complementam: o Mundo Exterior e o Universo Interior.

Algumas delas (poucas, na verdade) fazem um trabalho intenso ao olhar para dentro de si e compreender a maneira como lidam com os próprios sentimentos e emoções. Observam os aprendizados do passado para evitar repeti-los, assumem verdadeiramente a responsabilidade sobre suas ações e mudam algumas decisões do presente com base no que encontraram dentro de si. Assim, começam aos poucos a modelarem os resultados que pretendem obter no futuro próximo a partir dessas mudanças... O problema é que acabam extrapolando algumas expectativas e muitas vezes confundindo responsabilidade com culpa, passando a se frustrar por não atingirem determinado objetivo no tempo ou da maneira que desejavam, ou ainda a se punirem inconscientemente por isso.

O outro lado dessa moeda (e que infelizmente é o que a grande maioria das pessoas faz) acontece, justamente, quando elas não olham para dentro de si mesmas – ou pior, olham e acreditam que não há nada a mudar e melhorar! Tão acostumadas a sentirem-se vítimas perseguidas por toda e qualquer coisa no mundo que não sejam elas mesmas, essas pessoas têm o dedo indicador constantemente apontado para fora: *fulano não gosta de mim, por isso não consegui aquele emprego... Beltrano tem inveja de mim, por isso me persegue e convence a todos que sou ruim... Eu só fiz isso porque Ciclano fez aquilo...* Esquecem, porém, que quando um dedo aponta para fora, outros três apontam para dentro, mostrando que em toda e qualquer situação, nós sempre teremos alguma parcela de participação e responsabilidade!

Pare por um instante e responda sinceramente para si mesma:

- Quantas pessoas você conhece que são assim?

- Quantas vezes você já contou essas mesmas mentiras para si?

É claro que existem pessoas ruins e invejosas no mundo! É claro que muitas situações da vida prática vão além do nosso controle direto e acabamos sujeitos às circunstâncias! O ponto chave em qualquer uma dessas situações, de um ou de outro lado da moeda, é compreender que por mais ou menos intenso e consciente que seja o nosso trabalho interior, nenhum de nós é uma ilha. Vivemos em um mundo de energias e assim como somos influenciados por elas e pela interação com as pessoas ao nosso redor, também influenciamos tudo o que nos acontece e quem se aproxima da gente!

A verdade é que absolutamente todas as situações que vivemos no dia-a-dia são fruto e resultado dessas interações, da soma entre as escolhas que fazemos e das escolhas de outras pessoas, sejam estas escolhas positivas ou negativas sobre aquilo que desejamos. Como em uma balança invisível na qual de um lado estão nossas escolhas e energias pessoais e do outro estão as influências do mundo, para alcançarmos o tão desejado equilíbrio que nos guiará ao sucesso e à felicidade precisamos equilibrar seus dois lados... E aí está a grande diferença entre consultar o Jogo de Búzios, ouvindo a voz dos Orixás, e compreender as regências dos seus Odus de Nascimento: um completa, complementa e equilibra o outro!

O seu Mapa Astral dos Orixás é único e não se modifica com o passar do tempo, representando as energias que formam o seu *Universo Interior* e a maneira como você influencia o ambiente ao seu redor. Porém, esse ambiente se modifica a cada momento e, por isso, a consulta ao Jogo de Búzios se modifica também! Ao unir as interpretações do Mapa Astral e do Jogo de Búzios, tornamo-nos capazes de compreender como o momento presente - *Mundo Exterior* - está influenciando os seus caminhos e de que maneira as suas energias pessoais - *Universo Interior* - está influenciando essas situações ao redor.

A primeira vez que eu fiz o meu Mapa Astral dos Orixás pessoal foi incrível: parecia que em poucas palavras a minha vida inteira estava sendo descrita, passo a passo... Mas eu preciso te contar uma coisa: foi quando eu comecei a olhar para os meus Odus de Nascimento a cada seis meses, mais ou menos, que eu fui capaz de realmente entender a influência que cada aspecto da minha personalidade e da minha maneira de agir e reagir em relação ao que me acontecia e perceber o quanto eu tinha mudando. Algumas vezes pra pior, é claro... Mas na maioria das vezes, pra melhor!

Vou te dar um exemplo real e contar resumidamente os meus últimos vinte e poucos anos de vida: desde que eu comecei a minha carreira profissional, aos 16 anos, até mais ou menos os meus 24 anos de idade, sempre trabalhei na área de tecnologia, desenvolvendo softwares e sistemas para a internet. Nessa idade, eu fiz a minha primeira grande transição de carreira e fui deixando os computadores de lado pra me dedicar integralmente aos Orixás, passando a atender centenas de pessoas através do Jogo de Búzios por uns quatro ou cinco anos a partir dali. Já com 29 anos de idade, eu escrevi o meu primeiro livro, chamado "Desvendando Exu" e dali pra frente passei a me dividir entre os atendimentos espirituais, a nova carreira como escritor e o trabalho como editor na Arole Cultural.

Olhando pra essa curta linha do tempo e por mais diferente que as atividades que eu tenha exercido sejam entre si, você consegue perceber como o Odu Iorossun definiu cada uma delas?

No início, pra criar os programas de computador, eu precisei aprender e utilizar da melhor maneira possível as *linguagens de programação*, que são como o idioma que os computadores falam. Depois, como babalorixá nos atendimentos espirituais, eu precisava entender as mensagens dos Orixás e *"traduzi-las"* da melhor maneira possível pra que os consulentes compreendessem os recados, aprimorando a maneira como eu me *comunicava*. Agora, como editor e escritor, preciso mais que nunca *falar e escrever* de maneira clara e envolvente, pra que você leia com prazer e aprenda cada lição que os livros querem transmitir.

O meu Odu de Nascimento mudou nesses anos todos? Claro que não! Mas as situações ao meu redor, os desafios que vivenciei e as oportunidades que surgiram e que foram sendo aproveitadas se transformavam a cada instante... E a cada uma delas, quando eu sentia que precisava de respostas ou de uma orientação sobre os caminhos a seguir, eu buscava alguém pra consultar o Jogo de Búzios pra mim e passava, então, a tentar entender como os conselhos dos Orixás poderiam se tornar ainda mais positivos se eu os aliasse aos potenciais que os meus Odus de Nascimento já definiam em mim, no meu jeito de ser!

Se você quer realmente transformar a sua vida e despertar a sua melhor versão através dos seus Odus de Nascimento, então precisa entender que a principal mudança começa de dentro. É por isso que a maioria das pessoas continua repetindo as mesmas situações e buscando eternamente uma solução externa para os problemas da vida: querem que tudo mude, menos elas! Querem que a vida se transforme, desde que não precisem sair da zona de conforto em que se colocaram!

Ao perceber como os seus Odus de Nascimento interagem com cada situação específica do Mundo ao seu redor, novas transformações pessoais acontecerão a cada instante, permitindo que você cresça e evolua rumo equilíbrio desejado! E quando isso acontecer, você certamente estará muitos passos adiante nessa jornada que vamos começar agora!

Os Orixás de Cabeça

Um dos principais conceitos da vida em sociedade é o princípio de identificação e pertencimento: desde a infância, quando nascemos e somos cuidados por nossos pais; passando pela escola, quando buscamos o cuidado e atenção daquela professora especial; na adolescência, quando formamos nossos grupos de amizades; até a vida adulta, quando encontramos alguém pra amar... Todo mundo gosta de se sentir protegido, de ser parte de algum grupo, de se reconhecer nas pessoas ao seu redor e sentir que elas também se reconhecem em nós!

Na espiritualidade isso acontece da mesma maneira! Seja qual for a sua religião, todas elas têm uma crença em comum: cada um de nós é uma partícula divina, um pedacinho dos deuses vivendo na Terra e, nas religiões de matriz africana, esse *senso de filiação e pertencimento* está intimamente ligado ao que costumamos chamar de *ancestralidade*: *"eu sou hoje o resultado de todos aqueles que vieram antes de mim"*!

Assim como acontece na vida física desde a infância, quando a nossa identidade e personalidade são formadas por uma combinação de influências dos pais e da família onde nascemos, das pessoas com quem convivemos, da nossa interpretação pessoal sobre essas pessoas e sobre os acontecimentos, também na vida espiritual essa formação acontece pela combinação de uma série de energias, em especial pelas influências dos Odus de Nascimento e da nossa *ancestralidade espiritual*. Por isso, somos considerados *filhos* dos Orixás!

Assim, a pergunta mais comum que a maioria das pessoas faz quando se fala sobre Odus e Jogo de Búzios é *"quem são os meus Orixás de Cabeça?"* – afinal, quem não quer saber quem são seus pais e mães?

Porém, é importante que as lições anteriores tenham ficado claras pra você até aqui, pois elas serão necessárias pra compreender o que eu vou dizer agora (mesmo que muitos autores e sacerdotes digam diferente, aqui eu assumo o risco, pois os que dizem o contrário não sabem o que falam):

Odu de Nascimento não define os Orixás Pai e Mãe de Cabeça!

Ora! Se na vida física nossa identidade e nossa personalidade são construídas a partir das influências que recebemos de diversas pessoas e situações – dentre elas, nossos pais carnais -, e se os Odus de Nascimento são as regências de como essa mesma identidade e personalidade são definidas no mundo espiritual, como é que pai e mãe seriam determinados por elas? Além disso, aceitar que o Odu de Nascimento defina quem são seus Orixás de Cabeça seria o mesmo que dizer que todas as pessoas do mundo nascidas no mesmo dia que você sejam filhas do mesmo pai e mães espirituais!

Portanto, é fundamental que isso fique muito claro: os Odus de Nascimento e Mapa Astral dos Orixás são *ferramentas de autoconhecimento e desenvolvimento pessoal.* Somente a consulta ao Jogo de Búzios ou ao Opelê Ifá, realizadas por sacerdotes verdadeiramente iniciados nos mistérios dessas tradições, é que poderão identificar quem são os seus Orixás de Cabeça – que, inclusive, podem ser um pai e uma mãe, dois pais ou duas mães: as famílias plurais também existem na espiritualidade!

JOGO DE BÚZIOS: A VOZ DOS ORIXÁS

Os desafios do século XXI fazem a vida parecer cada dia mais acelerada, dando a impressão de que nunca há tempo suficiente para cumprir todos os compromissos e, muito menos, planejar e realizar aquilo que verdadeiramente lhe dá prazer, não é mesmo? O mais intrigante, talvez, é que essa rotina alucinada parece se repetir em todas as fases da vida.

Não importa se você tem 20, 30 ou 50 anos... Desde que deixamos a adolescência e assumimos as responsabilidades da vida adulta, parece que nunca mais tivemos a oportunidade de olhar para dentro de nós mesmos, de ouvirmos o nosso coração e cuidarmos do nosso jardim interior com a mesma tranquilidade e, por que não dizer, com a mesma dedicação que nos era possível na juventude.

Eu falo por experiência: comecei a trabalhar formalmente logo que completei 16 anos, como estagiário no departamento de tecnologia do colégio onde cursei o Ensino Médio. Poucos meses antes de completar 18 anos, subi num ônibus carregado de todas as minhas bagagens e deixei uma cidade de 200 mil habitantes rumo à selva de pedra chamada São Paulo, onde passei a morar sozinho (*na verdade, dividia apartamento com amigos, mas vale a história*) e dedicar praticamente todo o meu tempo a construir os primeiros passos da minha carreira na área da informática, aos estudos da faculdade e a conseguir pagar as contas do início da vida adulta. Passo a passo fui conquistando pequenas promoções e posições no mercado de trabalho até que, cinco anos depois e já com uma carreira bem estruturada, surgiram as primeiras grandes exigências e compromissos profissionais, viagens a trabalho e oportunidades de crescimento financeiro efetivo.

Parecia a realização final de um grande sonho e, naquele momento, eu sentia como se tivesse chegado ao topo da grande montanha que me propusera a escalar! Eu me sentia completo, orgulhoso de mim mesmo e merecedor de todas os louros, afinal, havia batalhado incansavelmente desde muitos anos antes para chegar ali!

Mal sabia eu que atingindo aqueles primeiros objetivos, novos e maiores planos surgiriam imediatamente a seguir e, com eles, também novas e ainda maiores exigências. Junto a elas, o sabor da vitória que eu experimentara poucos meses antes começava a perder o gosto e a graça. Nesse momento da vida eu já estava cursando minha segunda faculdade (verdade seja dita: não completei a primeira), tinha deixado o apartamento que dividia com os colegas para morar sozinho de verdade, em outro bairro da cidade, e meu círculo social era completamente diferente daquele de quando cheguei na cidade grande. Ao olhar para o lado, porém, observando a vida, a rotina e as histórias contadas pelos meus amigos e amigas da época, percebi que o mesmo acontecia com todos eles...

Tínhamos grandes sonhos, tínhamos grandes planos, e cada ano que passava parecia que havia menos tempo para buscá-los. Os dias se preenchiam com a rotina: completar os estudos, estudar ainda mais, criar os filhos, pagar as contas, construir um bom casamento, cuidar da casa... E a cada dia, novas escolhas, novas decisões e novas dúvidas. Bem, acredito que você saiba o que estou querendo dizer, certo?

Em meio a isso tudo, quantas vezes eu - e *você também, admita!* – me senti diante de uma encruzilhada, sem saber que caminho escolher... Quantas vezes olhei para o céu e perguntei em pensamento: *meus deuses, qual é o meu destino?* Quantas vezes, com um nó na garganta, desejei ansioso ouvir uma mera palavra divina que indicasse como seguir em frente e, mesmo com tantos desafios, como encontrar um momento de paz e felicidade duradouro...

Até que um dia
eu finalmente ouvi essa palavra!

Na primeira vez que busquei uma consulta ao Jogo de Búzios, pude sentir nitidamente a presença dos Orixás. Era como ouvi-los ao meu lado, falando ao meu coração tudo o que deveria ser feito dali por diante. Eles me chamavam, falavam comigo e para mim, me orientavam sobre os *se* e sobre os *senões* para que eu pudesse, finalmente, escolher o melhor caminho a seguir sem estar à mercê dos acontecimentos. Eles me ensinavam a me tornar uma pessoa melhor diariamente e, quando as dores e os perigos do mundo se aproximavam, me estendiam a mão e realizavam sua magia para me proteger.

Ao ouvir a voz dos Orixás pela primeira vez eu compreendi que tinha uma missão de vida e que a partir dali deveria transformar essa missão em propósito: levar a palavra dos Orixás a todas as pessoas que assim desejassem, buscassem e estivessem dispostas a ouvila. Por tudo isso, eu me tornei Babalorixá e dediquei a minha vida dali pra frente a estudar e compreender como essa *voz* se fazia ouvida e *quais mensagens ela transmitia*.

O QUE É O JOGO DE BÚZIOS?

O Jogo de Búzios é a fala dos Orixás, através dos quais, com a devida interpretação dos Odus a que esses Orixás se relacionam e das combinações entre eles o sacerdote interpreta a mensagem das divindades, seja ela de bênção ou de perigo. É também através dessas interpretações que poderão ser identificados qual o seu

Orixás "de cabeça", quais os demais Orixás que abençoam a sua espiritualidade e quais as energias do universo estão interferindo de maneira positiva ou negativa para que você possa atingir os seus desejos e objetivos.

A consulta ao Jogo de Búzios revela os seus desejos, os seus sonhos e objetivos, as perspectivas para o seu futuro, as maneiras de seguir trilhando um caminho de vitórias ou os motivos pelos quais você ainda não chegou aonde gostaria – sejam eles motivos de sua responsabilidade, pelos quais o sacerdote deverá lhe orientar quanto a mudanças de comportamento ou decisões, sejam eles por influências exteriores. Nesses casos, especialmente, a partir de suas interpretações também se identificarão as formas de corrigir os problemas e de potencializar as soluções frente e todo o tipo de males do corpo e da alma através dos *ebós*: saúde, carreira e trabalho, evolução pessoal e desafios, amor e relacionamentos e muitas outras questões. Mais que isso, é preciso compreender que:

> *O Jogo de Búzios trata das energias e influências exteriores que <u>neste momento da sua vida</u> estão influenciando seu caminho, como um retrato do mundo ao seu redor e das maneiras como ele lhe afeta.*

Pode parecer apenas uma questão semântica, mas é importante que isso fique claro: o *futuro* como costumamos pensá-lo, no sentido de fatos que ainda não ocorreram e que estão pré-determinados a surgirem nos nossos caminhos por determinação de alguma força sobrenatural, não existe! Somos seres livres e pensantes, dotados de capacidade analítica e do poder de tomar decisões – ainda que, muitas vezes, decidamos não tomar nenhuma e deixar que as situações transcorram conforme as vontades alheias.

Talvez eu esteja correndo um grande risco falando isso assim, abertamente, mas a verdade é essa: nenhum oráculo e nenhum sacerdote que siga os fundamentos corretos de sua tradição religiosa - qualquer que seja ela – tem o dom de prever o *futuro*. Assim como ninguém vai ao médico e passa por procedimentos para tratar males do corpo que ainda não existem, ninguém vai aos Orixás afastar aquilo que ainda não se aproximou ou modificar aquilo que ainda não se conhece ou que ainda não aconteceu.

Entende a importância de assumir a sua vida e decidir, consciente e verdadeiramente, a responsabilidade pelo seu presente?

Nesse sentido, a consulta aos Odus desvenda o seu presente, identifica quais são as energias que influenciam o seu momento presente, compreende os motivos do passado que deram origem a isso e, através da sabedoria de Orunmilá - o Orixá do Conhecimento –

informa quais serão os resultados das escolhas e atitudes de agora no porvir, *caso você não mude, caso não tome uma atitude frente a essas "previsões"*. Lembra da história que contei sobre a moça perseguida no trabalho, que anos depois enfrentava os mesmos problemas? Presente desvendado, origens no passado identificadas e possíveis soluções indicadas – dentre elas, a troca de emprego. Houve mudança? Não! Houve a escolha por não mudar? Consciente ou inconscientemente, houve, e com isso as "previsões" não se cumpriram!

Uma vez que tenhamos compreendido isso, passaremos a compreender a verdadeira magia dos Orixás, que é a multiplicação das bênçãos através da dinâmica da *dádiva*, conceito elaborado pelo sociólogo e antropólogo francês Marcel Mauss (1872-1950). Sobre isso, transcrevo a seguir um trecho do livro "*O Segredo das Folhas: Magia Prática para o Dia-a-Dia*", o volume três da *Trilogia As Folhas Sagradas*:

> *De maneira simplificada, o pesquisador afirma que todas as relações humanas, físicas ou simbólicas, estão baseadas na dinâmica da dádiva: dar, receber e retribuir. No artigo "A sociologia de Marcel Mauss: Dádiva, simbolismo e associação", publicado na Revista Crítica de Ciências Sociais, que discorre sobre as implicações sociais e políticas da teoria de Marcell Mauss, o autor diz: "A dádiva está presente em todas as partes e não diz respeito apenas a momentos isolados e*

descontínuos da realidade. O que circula tem vários nomes: chama-se dinheiro, carro, móveis, roupas, mas também sorrisos, gentilezas, palavras, hospitalidades, presentes, serviços gratuitos, dentre muitos outros.

[...] diferentemente dos demais animais, o humano se caracteriza pela presença da vontade, da pressão da consciência de uns sobre outros, das comunicações de ideias, da linguagem, das artes plásticas e estéticas, dos agrupamentos e religiões, em uma palavra, complementa, das 'instituições que são o traço da nossa vida em comum'"

Ainda que a teoria de Mauss trate das questões de ordem prática nas relações entre as sociedades humanas, a partir de seu conceito de dádiva é possível perceber a dinâmica das energias da qual falamos: se eu dou de maneira negativa, recebo também negativamente e retribuo por igual; ao passo que se dou de maneira positiva, recebo positivismo e, portanto, retribuo positivamente. Uma vez que tudo isso já acontece de forma automática, imagine os resultados fantásticos que poderíamos alcançar usando essa mesma dinâmica de maneira consciente!

Nas religiões de matriz africana essa prática é levada ainda mais além: quem acredita na força e no poder dos Orixás vivencia a dádiva quase que diariamente, mesmo quando não tem consciência disso. Ao realizarmos nossas oferendas em agradecimento pelas bênçãos recebidas, ao acendermos uma vela para fortalecer as intenções dos nossos pedidos, ao louvarmos nossos Orixás através dos cantos e das danças rituais... Enfim, todo e qualquer ato dedicado aos Orixás é uma dádiva que, pelo caráter espiritual da prática religiosa, ganha dois novos componentes: a magia e o propósito.

[...]

Dessa maneira, podemos afirmar que todo e qualquer ato de devoção ou ritual realizado aos Orixás é, em si, um ato de magia – afinal, cremos que a força e o poder dos Orixás são capazes de produzir efeitos inexplicáveis em nossas vidas. Ao mesmo tempo, um ato de magia é sempre guiado por uma motivação, por um objetivo: quem faz um pedido, pede alguma coisa; quem faz um agradecimento, agradece por algum resultado. Logo, a prática da espiritualidade está baseada, justamente, na união desses três aspectos: consciência – eu sei o que estou fazendo e faço por vontade própria; magia – eu busco a intervenção divina para transformar as energias dos elementos rituais em resultados sobrenaturais; e propósito – eu tenho um objetivo específico para aquilo que faço.

Para que possamos seguir adiante, porém, é preciso lembrarmo-nos de um fator fundamental: nenhum destes três aspectos nos isenta de assumir a responsabilidade por aquilo que estamos buscando, por aquilo que estamos fazendo desde agora até a obtenção do resultado desejado e, principalmente, por aquilo que faremos após conquistarmos nossos desejos ou alcançarmos nosso propósito. Dar, receber e retribuir é um processo cíclico e contínuo, que cresce e expande conforme o praticamos e que, portanto, não deve ser quebrado por aqueles que buscam verdadeiramente viver em harmonia, em felicidade e em prosperidade, deixando de ser apenas imagem e semelhança para, de fato, tornar-se partícula divina.

É por encarar o passado, o presente e o futuro dessa maneira que, diferente de outros oráculos, na consulta ao Jogo de Búzios você não precisa fazer qualquer pergunta: Orunmilá, junto a Exu, sabe exatamente aquilo que se passa no seu coração e nos seus caminhos e por isso as mensagens sagradas são decifradas sem que se diga nada. Ainda assim, é claro, como uma ferramenta profunda e poderosa de orientação e aconselhamento pessoal, durante uma consulta ao Jogo de Búzios você poderá fazer as perguntas que desejar sobre quaisquer assuntos e áreas da sua vida, pois Exu é a força que revela os mistérios do Universo.

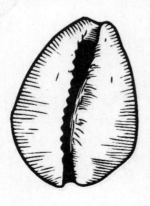
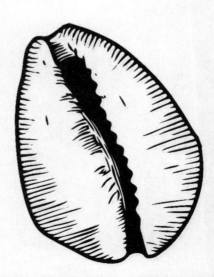

Quer agendar uma consulta ao Jogo de Búzios?

Se você também quer descobrir as orientações que os Orixás têm para a sua vida, que tal **agendar sua consulta ao Jogo de Búzios comigo?** Os atendimentos podem ser presenciais, em Mairiporã/SP, ou à distância, onde quer que você esteja! Para reservar o seu horário agora mesmo aponte a câmera do seu celular ou tablet para o QR-Code ao lado ou acesse o site

www.diegodeoxossi.com.br/previsoes

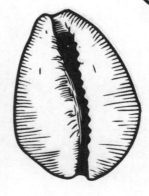
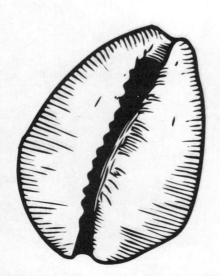

As Fases da Lua na Magia

Você já reparou quantas vezes, desde pequenos, olhamos para o céu e admiramos a Lua em suas diversas fases? Crescente, Cheia, Minguante ou Nova... A Lua e seus ciclos sempre serviram de referência para guiar nossos passos e muitas vezes nos auxiliar a tomar decisões. Quem nunca se perguntou qual a melhor fase da Lua para essa ou aquela decisão do dia-a-dia como cortar o cabelo ou plantar um novo vaso de poder? Se a Lua é importante para o cotidiano, imagine o tamanho de sua importância para a magia!

Desde os tempos antigos as fases da Lua vêm influenciando a vida e os rituais humanos - sejam eles mágicos ou cotidianos. Não é à toa que muitas pessoas se utilizam do calendário lunar para tomar decisões importantes em suas vidas: os pescadores e camponeses, por exemplo, não conheciam as influências mágicas das fases da Lua, mas sempre souberam qual o melhor período para uma ou outra atividade no campo e nas águas. Da mesma forma, o aumento do número de parturientes durante a Lua Cheia, por exemplo, é também muito conhecido. A propósito, a Lua exerce uma influência especial sobre as mulheres e suas regras mensais. Por esse motivo, ela é considerada uma divindade em diversas tradições mágicas - as diversas faces do Sagrado Feminino: a donzela, a mãe, a anciã e a guerreira se refletem e personificam a cada ciclo lunar.

Na Magia Cigana, na Umbanda, no Candomblé e na magia com as folhas sagradas não é diferente: a influência da Lua é muitas vezes considerada para determinar o melhor momento para se realizar esse ou aquele tipo de ritual, banho ou defumação, dependendo dos objetivos que queremos atingir. Para rituais de louvação a *Ori*, por exemplo, nosso Orixá Individual, ou em ebós e rituais que busquem a prosperidade e a abertura de caminhos, é fundamental considerar a maneira como a Lua se posiciona no céu.

Então... Quais são as potências e objetivos que devem ser trabalhados em cada uma delas?

LUA CRESCENTE

Crescente é a fase em que a Lua sai da escuridão e começa a renascer, iluminando o céu. Por isso, é propícia aos rituais de potencialização, multiplicação e atração. Rituais que tenham por objetivo aumentar o que se deseja, o nascimento de crianças, nutrição das amizades e dos relacionamentos, amor, sensualidade e sentimentos, harmonização das situações e dos ambientes, boa sorte, negócios e prosperidade devem ser realizados durante esse período.

LUA CHEIA

Cheia é a fase em que a Lua está mais visível e brilhante, reinando plena no céu. É nesse período que as energias espirituais atingem seu ápice e se consolidam, vibrando mais forte. Por isso, é propícia aos rituais de fortalecimento, preenchimento, fertilidade, virilidade e sexualidade, comunicação, brilho, sucesso e visibilidade, assinatura de contratos e parcerias, felicidade, coragem e fortaleza, conquista e domínio, definição de situações amorosas e casamentos.

LUA MINGUANTE

Minguante é a fase em que a Lua vai diminuindo o brilho até desaparecer, morrendo por alguns dias. É o momento propício para o encerramento de tudo o que não é mais necessário ou desejado, o banimento de energias negativas, libertação e finalização, reversão de situações indesejadas, cura (*no sentido de eliminar a doença*), morte e ressureição simbólicas, maturidade e sabedoria ancestral, venda de imóveis e quebra de feitiços maléficos.

LUA NOVA

Nova é a fase em que a Lua não está visível no céu, preparando-se para renascer em seu novo ciclo. Por isso, é um período de instabilidade energética, repleto de mistérios e inseguranças, de morte e escuridão, de reclusão, sendo propício, porém, para a meditação e o autoconhecimento.

LUA FORA DE CURSO

Além das fases Crescente, Cheia, Minguante e Nova, a Lua ainda passa por uma quinta fase perigosíssima, que pode acontecer a qualquer momento e anular todos os seus objetivos mágicos? Vou te explicar mais sobre esse assunto delicado e complexo...

Tem dias que tudo o que precisamos - ou, pelo menos, tudo o que gostaríamos - é parar, não é mesmo? Desligar o celular, sair do Facebook e do Instagram, esquecer os e-mails e olhar pra dentro de nós mesmos... Ficar um tempo a mais na cama, ou talvez se esticar um pouco no sofá, como se não houvesse preocupações e compromissos lá fora. Um momento para recarregar as energias, para não pensar em nada e, ao mesmo tempo, recriar os planos e projetos que serão realizados nos dias seguintes. Na magia esse momento também existe!

Independente da fase em que se encontre, algumas vezes a Luz deixa de vibrar energeticamente, tirando um momento para se realinhar consigo mesma e nos convidando a fazer o mesmo. A Lua Vazia, também chamada Lua Fora de Curso, acontece a cada dois ou três dias, sempre que a Lua completa seu último aspecto em qualquer um dos signos do zodíaco até o momento em que ela ingressa no signo seguinte. Esse período pode durar alguns minutos ou até mesmo horas e, durante elas, os trabalhos mágicos e rituais devem ser totalmente evitados, sob risco de terem seus objetivos anulados. Tudo o que é iniciado tende a ser incerto e imprevisível, estando sujeito a erros e frustrações.

O primeiro astrólogo a popularizar a Lua Vazia foi o americano Al Morrison e observou que "*todas as ações empreendidas enquanto a Lua está fora de curso por alguma razão sempre falham em seus resultados planejados ou pretendidos*". É um período de recolhimento espiritual e energético, que devemos utilizar para a observação de si mesmo e o planejamento dos novos objetivos. Nas palavras do astrólogo brasileiro Oscar Quiroga:

> "*A agenda cultural que rege nossos dias não respeita esse ritmo, pretende que sejamos produtivos sempre que despertos, mas essa é uma aberração, ninguém suporta ser produtivo o tempo inteiro durante a vigília. Os períodos de Lua Vazia são os momentos astrológicos em que a subjetividade reina e, por isso, nós adquirimos licença cósmica para nos dedicar à sagrada arte da despreocupação.*"

Durante os períodos de Lua Vazia as pessoas em geral tendem a parecerem "desligadas" da realidade, como se fossem puxadas para dentro de si mesmas, tornando-se pouco objetivas e dificultando o discernimento e a lucidez para tomar decisões. Por esse motivo, deve-se evitar a realização de toda ação importante e decisiva para sua vida e seus caminhos, como por exemplo:

- Iniciar relacionamentos;
- Assinar contratos;

- Adquirir ou vender bens como carros, imóveis, roupas etc.;
- Lançar novos negócios e/ou empreendimentos;
- Estrear shows, peças, exposições etc.;
- Participar de entrevistas de emprego;
- Iniciar uma nova carreira;
- Realizar cirurgias ou intervenções médicas (exceto as de emergência);
- Realizar longas viagens;
- Ter conversas para resolver problemas afetivos ou de relacionamento;
- Experimentar novos processos e/ou procedimentos em qualquer área;
- Realizar provas, testes ou exames de qualificação;
- Formalizar e/ou contratar negócios de médio e longo prazo.

Ainda assim, os períodos de Lua Vazia têm suas vantagens, já que nos conectam de forma especial ao nosso eu interior. Com isso, esses momentos são propícios para o ócio criativo, para a continuidade daquilo que já está em andamento, para o relaxamento do corpo e da alma e para a meditação e reflexão. Em poucas palavras, as Luas Vazias favorecem as questões subjetivas da alma em detrimento das questões objetivas da matéria.

Observar esse aspecto na hora de realizar os seus rituais, banhos e defumações com as folhas sagradas pode servir como um excelente guia para fortalecer seus propósitos mágicos e a maneira com que o Universo age e responde sobre seus desejos.

Para acompanhar as datas e horários de Luas Vazias em 2023 é fácil! Usando o leitor de QR-Code do seu tablet ou celular, acesse o site com código ao lado ou digite o endereço do link a seguir no seu navegador de internet e confira o calendário completo no nosso blog!

www.diegodeoxossi.com.br/lua-vazia

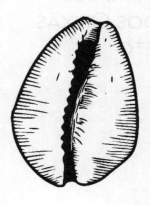
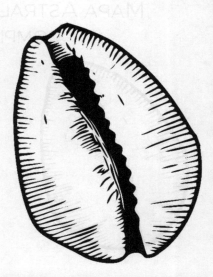

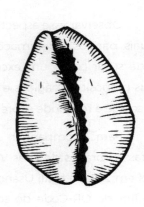

UM PRESENTE
PRA VOCÊ

COMO ACESSAR O SEU
MAPA ASTRAL DOS ORIXÁS
COMPLETO

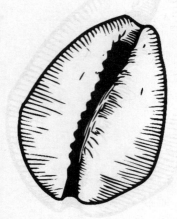

Estamos chegando ao início da nossa jornada neste ano e como agradecimento pela sua companhia quero te dar um presente especial: **o seu Mapa Astral dos Orixás completo!**

1) Acesse a "*Área do Cliente*" no site **www.arolecultural.com.br** e faça seu cadastro utilizando o cupom promocional abaixo e o código de barras que aparece na contracapa da sua agenda.

ATENÇÃO: se você já tiver cadastro, faça o login na Área do Cliente e ative seu presente no menu "Cadastrar Cupom Bônus".

2) Depois de cadastrar seu cupom e fazer o seu login, acesse o menu "*Meus Conteúdos > Mapa Astral dos Orixás*".

3) Clique no botão indicado para confirmar os dados da pessoa para quem deve ser feito o mapa e pronto! Você receberá o link de acesso por e-mail!

2023-FDE354

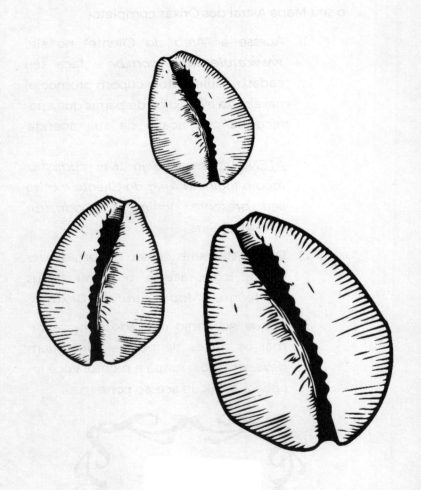

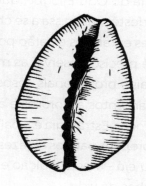

JANEIRO

Odu do mês: Ejionilé

A boca fala do que o coração está cheio

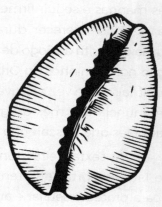

Previsões para Janeiro

Sob a regência do Odu Ejiogbê, que em seu aspecto negativo na regência deste mês passa a se chamar Ejionilé, as confusões, perseguições e traições estarão potencializadas e intensificadas. Por isso, é preciso observar as mais discretas nuances nas relações pessoais e profissionais – especialmente no que diz respeito a relacionamentos amorosos e às influências externas com falatórios e fofocas. Estratégia é a palavra-chave desse mês, para que você se prepare para os revezes deste período e evite a influência de *enu ejó* – a perseguição e a confusão que se esconde nas entrelinhas da vida.

Atenção redobrada à comunicação: para entender o que realmente querem nos dizer é preciso ler e ouvir nas entrelinhas, que revelam mais que as palavras ditas. O Odu Ejiogbê/Ejionilé é o caminho da palavra mal-dita e maldita: aquela que se diz e se ouve de maneiras errôneas, causando discussões e desentendimentos desnecessários, mas também aquela que amaldiçoa e envenena mesmo saídas de bocas adoçadas pelo mel. Lembre-se que muito mais do que aquilo que é dito, o corpo transmite sinais que não devem ser ignorados.

Ainda assim, o mês vem marcado por algumas oportunidades de crescimento financeiro, por isso é hora de arregaçar as mangas e seguir firme nos seus propósitos mesmo quando a realidade parecer dura e desafiadora. Se possível, **agende uma consulta ao Jogo de Búzios para realizar os ebós de proteção nos caminhos do Orixá Oxoguiã** e renovar suas defesas espirituais. Uma vez positivado, Ejionilé transforma-se em Ejiogbê e anuncia um mês de grandes realizações e conquistas para aqueles que buscarem a proteção dos Orixás.

Às sextas-feiras, **tome banhos de Waji da cabeça aos pés**, e lave as portas e batentes de casa com esse mesmo banho para proteger seu lar e ambiente de trabalho.

Odu Ossá NO ASPECTO *positivo*

<u>ORIXÁ REGENTE:</u> *Iansã*

☾ LUA CRESCENTE

01
DOMINGO
Confraternização Universal

07h _____
08h _____
09h _____
10h _____
11h _____
12h _____
13h _____
14h _____
15h _____
16h _____
17h _____
18h _____
19h _____
20h _____
21h _____

Que Iansã lhe permita amadurecer com os desafios do destino!

Ossá

ANOTAÇÕES:

02
SEGUNDA

Odu Ofun NO ASPECTO *positivo*
<u>ORIXÁ REGENTE:</u> *Oxalufã*
☾ LUA CRESCENTE
Lua Vazia: 02/01 18:16h até 02/01 22:44h

Janeiro

De agora em diante e por todo o sempre, que Oxalufã lhe dê força e coragem para vencer!

Ofun

_____	07h
_____	08h
_____	09h
_____	10h
_____	11h
_____	12h
_____	13h
_____	14h
_____	15h
_____	16h
_____	17h
_____	18h
_____	19h
_____	20h
_____	21h

ANOTAÇÕES:

Odu Owarin NO ASPECTO *positivo*

<u>ORIXÁ REGENTE:</u> *Iansã*

☾ LUA CRESCENTE

03
TERÇA

Janeiro

07h _____
08h _____
09h _____
10h _____
11h _____
12h _____
13h _____
14h _____
15h _____
16h _____
17h _____
18h _____
19h _____
20h _____
21h _____

ANOTAÇÕES:

Enquanto há esperança, há um caminho! Que Iansã lhe dê felicidade!

Owarin

04
QUARTA

Odu Ejilaxeborá NO ASPECTO *negativo*
ORIXÁ REGENTE: *Xangô*
☾ LUA CRESCENTE
Lua Vazia: 04/01 20:07h até 05/01 10:14h

Janeiro

Acredite na força que há dentro de você! Xangô está no comando do seu destino!

Ejilaxeborá

_____	07h
_____	08h
_____	09h
_____	10h
_____	11h
_____	12h
_____	13h
_____	14h
_____	15h
_____	16h
_____	17h
_____	18h
_____	19h
_____	20h
_____	21h

ANOTAÇÕES:

Odu Ojiologbon NO ASPECTO *negativo*

<u>ORIXÁ REGENTE:</u> *Nanã*

☽ LUA CRESCENTE

Lua Vazia: 04/01 20:07h até 05/01 10:14h

05
QUINTA

Janeiro

07h _____
08h _____
09h _____
10h _____
11h _____
12h _____
13h _____
14h _____
15h _____
16h _____
17h _____
18h _____
19h _____
20h _____
21h _____

ANOTAÇÕES:

Respire fundo e olhe para dentro de si: é lá que mora a força sagrada de Nanã!

Ojiologbon

06
SEXTA
Dia da Gratidão

Odu Iká NO ASPECTO *positivo*
ORIXÁ REGENTE: *Oxumarê*
○ LUA CHEIA

Janeiro

Vida longa, saúde e felicidade: que as bênçãos de Oxumarê lhe cubram por todo o dia!

Iká

_____ 07h
_____ 08h
_____ 09h
_____ 10h
_____ 11h
_____ 12h
_____ 13h
_____ 14h
_____ 15h
_____ 16h
_____ 17h
_____ 18h
_____ 19h
_____ 20h
_____ 21h

ANOTAÇÕES:

Janeiro

Odu Obeogundá NO ASPECTO *positivo*

<u>ORIXÁ REGENTE:</u> *Obá*

O LUA CHEIA
Lua Vazia: 07/01 18:22h até 07/01 22:39h

07
SÁBADO

Dia do Leitor

07h _____
08h _____
09h _____
10h _____
11h _____
12h _____
13h _____
14h _____
15h _____
16h _____
17h _____
18h _____
19h _____
20h _____
21h _____

Confiar na voz do seu coração é ouvir os conselhos de Obá para o seu dia!

Obeogundá

ANOTAÇÕES:

08
DOMINGO

Odu Aláfia NO ASPECTO *positivo*
ORIXÁ REGENTE: *Orunmilá*
O LUA CHEIA

Janeiro

Por hoje e pelos dias que virão, que Orunmilá lhe acolha em seus braços e abençoe seu dia!

Aláfia

- 07h
- 08h
- 09h
- 10h
- 11h
- 12h
- 13h
- 14h
- 15h
- 16h
- 17h
- 18h
- 19h
- 20h
- 21h

ANOTAÇÕES:

Janeiro

Odu Ejionilé NO ASPECTO *negativo*

<u>ORIXÁ REGENTE:</u> *Oxoguiã*

O LUA CHEIA
Lua Vazia: 09/01 21:52h até 10/01 11:15h

09
SEGUNDA

07h _____
08h _____
09h _____
10h _____
11h _____
12h _____
13h _____
14h _____
15h _____
16h _____
17h _____
18h _____
19h _____
20h _____
21h _____

Nenhuma dor dura pra sempre! Que Oxoguiã lhe acolha e conforte o seu coração!

Ejionilé

ANOTAÇÕES:

10
TERÇA

Odu Ossá NO ASPECTO *negativo*

<u>ORIXÁ REGENTE:</u> *Iemanjá*

○ LUA CHEIA
Lua Vazia: 09/01 21:52h até 10/01 11:15h

Janeiro

Acredite, Iemanjá lhe dará a sabedoria necessária para evoluir e vencer!

Ossá

_____ 07h
_____ 08h
_____ 09h
_____ 10h
_____ 11h
_____ 12h
_____ 13h
_____ 14h
_____ 15h
_____ 16h
_____ 17h
_____ 18h
_____ 19h
_____ 20h
_____ 21h

ANOTAÇÕES:

Odu Ofun NO ASPECTO *positivo*
ORIXÁ REGENTE: *Oxalufã*
O LUA CHEIA

11
QUARTA

07h _____
08h _____
09h _____
10h _____
11h _____
12h _____
13h _____
14h _____
15h _____
16h _____
17h _____
18h _____
19h _____
20h _____
21h _____

Depois de toda tempestade, vem a bonança. Até lá, que Oxalufã lhe acolha e lhe abençoe!

Ofun

ANOTAÇÕES:

12
QUINTA

Odu Owarin NO ASPECTO *positivo*

ORIXÁ REGENTE: *Iansã*

O LUA CHEIA
Lua Vazia: 12/01 19:06h até 12/01 22:56h

Janeiro

Quando tudo parecer perdido, que Iansã seja a luz da esperança a lhe guiar!

Owarin

	07h
	08h
	09h
	10h
	11h
	12h
	13h
	14h
	15h
	16h
	17h
	18h
	19h
	20h
	21h

ANOTAÇÕES:

Janeiro

Odu Ejilaxeborá NO ASPECTO *positivo*
ORIXÁ REGENTE: *Xangô*
○ LUA CHEIA

13
SEXTA

07h ___
08h ___
09h ___
10h ___
11h ___
12h ___
13h ___
14h ___
15h ___
16h ___
17h ___
18h ___
19h ___
20h ___
21h ___

ANOTAÇÕES:

Xangô já determinou e hoje é o seu dia de vencer! Confie: a felicidade chegando!

Ejilaxeborá

14
SÁBADO

Odu Ojielogbon NO ASPECTO *negativo*
ORIXÁ REGENTE: *Nanã*
☾ LUA MINGUANTE

Janeiro

Acalme seu coração e receba as bênçãos de Nanã... Um novo dia vai raiar!

Ojielogbon

_____ 07h
_____ 08h
_____ 09h
_____ 10h
_____ 11h
_____ 12h
_____ 13h
_____ 14h
_____ 15h
_____ 16h
_____ 17h
_____ 18h
_____ 19h
_____ 20h
_____ 21h

ANOTAÇÕES:

Janeiro

Odu Iká NO ASPECTO *negativo*

ORIXÁ REGENTE: *Oxumarê*

☾ LUA MINGUANTE
Lua Vazia: 15/01 04:39h até 15/01 08:08h

15
DOMINGO

07h _____
08h _____
09h _____
10h _____
11h _____
12h _____
13h _____
14h _____
15h _____
16h _____
17h _____
18h _____
19h _____
20h _____
21h _____

Que nesse dia, Oxumarê cubra seu lar com confiança e felicidade!

Iká

ANOTAÇÕES:

16
SEGUNDA

Odu Obeegundá NO ASPECTO *negativo*
<u>ORIXÁ REGENTE:</u> *Obá*
☾ LUA MINGUANTE

Janeiro

Fé acima de tudo e apesar de tudo! Tenha certeza: Obá é por você!

Obeegundá

_____ 07h
_____ 08h
_____ 09h
_____ 10h
_____ 11h
_____ 12h
_____ 13h
_____ 14h
_____ 15h
_____ 16h
_____ 17h
_____ 18h
_____ 19h
_____ 20h
_____ 21h

ANOTAÇÕES:

Janeiro

Odu Aláfia NO ASPECTO *negativo*

ORIXÁ REGENTE: *Orunmilá*

☾ LUA MINGUANTE
Lua Vazia: 17/01 10:26h até 17/01 13:32h

17
TERÇA

07h _____
08h _____
09h _____
10h _____
11h _____
12h _____
13h _____
14h _____
15h _____
16h _____
17h _____
18h _____
19h _____
20h _____
21h _____

ANOTAÇÕES:

Fé, força de vontade e paz no coração: esta é a promessa de Orunmilá para o seu dia!

Aláfia

18
QUARTA

Odu Ejionilé NO ASPECTO *negativo*
<u>ORIXÁ REGENTE:</u> *Xangô Airá*
☾ LUA MINGUANTE

Janeiro

Que Xangô Airá lhe permita seguir em frente, pois a felicidade está chegando!

Ejionilé

	07h
	08h
	09h
	10h
	11h
	12h
	13h
	14h
	15h
	16h
	17h
	18h
	19h
	20h
	21h

ANOTAÇÕES:

Odu Ossá NO ASPECTO *negativo*

<u>ORIXÁ REGENTE:</u> *Iyewá*

☾ LUA MINGUANTE

Lua Vazia: 19/01 06:08h até 19/01 15:11h

Janeiro

19
QUINTA

07h _____
08h _____
09h _____
10h _____
11h _____
12h _____
13h _____
14h _____
15h _____
16h _____
17h _____
18h _____
19h _____
20h _____
21h _____

ANOTAÇÕES:

Sorria: apesar da noite escura, um novo sol raiou! Deixe Iyewá transformar o seu dia!

Ossá

20

SEXTA

Odu Ofun NO ASPECTO *negativo*
ORIXÁ REGENTE: *Oxalufã*
☾ LUA MINGUANTE

Janeiro

Dia de São Sebastião / Dia dos Caboclos / Dia de Oxóssi

Paz, sucesso e felicidade: essa é a profecia que Oxalufã realizará no seu dia!

Ofun

- 07h
- 08h
- 09h
- 10h
- 11h
- 12h
- 13h
- 14h
- 15h
- 16h
- 17h
- 18h
- 19h
- 20h
- 21h

ANOTAÇÕES:

Janeiro

Odu Owarin NO ASPECTO *negativo*

<u>ORIXÁ REGENTE:</u> *Iansã*

● LUA NOVA

Lua Vazia: 21/01 11:52h até 21/01 14:28h

21
SÁBADO

Dia Mundial das Religiões

- 07h
- 08h
- 09h
- 10h
- 11h
- 12h
- 13h
- 14h
- 15h
- 16h
- 17h
- 18h
- 19h
- 20h
- 21h

Aceite suas bênçãos: Iansã lhe permite renovar-se a cada manhã.

Owarin

ANOTAÇÕES:

22
DOMINGO

Odu Ejilaxeborá NO ASPECTO *positivo*
<u>ORIXÁ REGENTE:</u> *Xangô*
● LUA NOVA

Janeiro

É nos pequenos sinais do universo que as bênçãos de Xangô se manifestam, permita-se enxergá-los!

Ejilaxeborá

_____	07h
_____	08h
_____	09h
_____	10h
_____	11h
_____	12h
_____	13h
_____	14h
_____	15h
_____	16h
_____	17h
_____	18h
_____	19h
_____	20h
_____	21h

ANOTAÇÕES:

Janeiro

Odu Ojiologbon NO ASPECTO *negativo*
ORIXÁ REGENTE: *Nanã*

● LUA NOVA
Lua Vazia: 23/01 06:19h até 23/01 13:35h

23
SEGUNDA

07h _____
08h _____
09h _____
10h _____
11h _____
12h _____
13h _____
14h _____
15h _____
16h _____
17h _____
18h _____
19h _____
20h _____
21h _____

Por hoje e sempre, que Nanã lhe dê bons amigos em quem confiar!

Ojiologbon

ANOTAÇÕES:

24
TERÇA

Odu Iká NO ASPECTO *positivo*
ORIXÁ REGENTE: *Oxumarê*
● LUA NOVA

Janeiro

_____ 07h
_____ 08h
_____ 09h
_____ 10h
_____ 11h
_____ 12h
_____ 13h
_____ 14h
_____ 15h
_____ 16h
_____ 17h
_____ 18h
_____ 19h
_____ 20h
_____ 21h

Não há caminhos fechados para quem confia em Oxumarê com fé e coragem!

Iká

ANOTAÇÕES:

Odu Obeogundá NO ASPECTO *negativo*
<u>ORIXÁ REGENTE:</u> *Obá*
● LUA NOVA
Lua Vazia: 25/01 12:11h até 25/01 14:47h

Janeiro

25
QUARTA

07h _____
08h _____
09h _____
10h _____
11h _____
12h _____
13h _____
14h _____
15h _____
16h _____
17h _____
18h _____
19h _____
20h _____
21h _____

No dia de hoje, que Obá cubra seu lar e sua família com a felicidade!

Obeogundá

ANOTAÇÕES:

26
QUINTA

Odu Aláfia NO ASPECTO *positivo*
<u>ORIXÁ REGENTE:</u> *Orunmilá*
● LUA NOVA

Janeiro

Abra os olhos e permita-se enxergar as belezas que Orunmilá preparou para você!

Aláfia

———————————————————— 07h
———————————————————— 08h
———————————————————— 09h
———————————————————— 10h
———————————————————— 11h
———————————————————— 12h
———————————————————— 13h
———————————————————— 14h
———————————————————— 15h
———————————————————— 16h
———————————————————— 17h
———————————————————— 18h
———————————————————— 19h
———————————————————— 20h
———————————————————— 21h

ANOTAÇÕES:

Odu Ejiogbê NO ASPECTO *positivo*
ORIXÁ REGENTE: *Oxoguiã*
● LUA NOVA
Lua Vazia: 27/01 17:01h até 27/01 19:42h

27
SEXTA

Janeiro

07h _____
08h _____
09h _____
10h _____
11h _____
12h _____
13h _____
14h _____
15h _____
16h _____
17h _____
18h _____
19h _____
20h _____
21h _____

Que tal começar o dia sorrindo? Deixe a força de Oxoguiã lhe inspirar e guiar o seu destino!

Ejiogbê

ANOTAÇÕES:

28
SÁBADO

Odu Ossá NO ASPECTO *positivo*
<u>ORIXÁ REGENTE:</u> *Iansã*
☾ LUA CRESCENTE

Janeiro

Pelo dia de hoje, que Exu lhe provoque...
E que Oxalá lhe abençoe!

Ossá

_____	07h
_____	08h
_____	09h
_____	10h
_____	11h
_____	12h
_____	13h
_____	14h
_____	15h
_____	16h
_____	17h
_____	18h
_____	19h
_____	20h
_____	21h

ANOTAÇÕES:

Odu Ofun NO ASPECTO *positivo*
<u>ORIXÁ REGENTE:</u> *Oxalufã*
☾ LUA CRESCENTE

29
DOMINGO

Janeiro

07h _____
08h _____
09h _____
10h _____
11h _____
12h _____
13h _____
14h _____
15h _____
16h _____
17h _____
18h _____
19h _____
20h _____
21h _____

ANOTAÇÕES:

As palavras de Oxalufã são certeiras: seus caminhos lhe guiarão para a vitória!

Ofun

30
SEGUNDA

Odu Owarin NO ASPECTO *positivo*

ORIXÁ REGENTE: *Iansã*

☾ LUA CRESCENTE

Lua Vazia: 30/01 01:51h até 30/01 04:34h

Janeiro

Receba as bênçãos de Iansã e permita-se ser feliz por existir: você merece!

Owarin

_____ 07h
_____ 08h
_____ 09h
_____ 10h
_____ 11h
_____ 12h
_____ 13h
_____ 14h
_____ 15h
_____ 16h
_____ 17h
_____ 18h
_____ 19h
_____ 20h
_____ 21h

ANOTAÇÕES:

Odu Ejilaxeborá NO ASPECTO *positivo*

<u>ORIXÁ REGENTE:</u> *Xangô*

☾ LUA CRESCENTE

31
TERÇA

Janeiro

07h _____
08h _____
09h _____
10h _____
11h _____
12h _____
13h _____
14h _____
15h _____
16h _____
17h _____
18h _____
19h _____
20h _____
21h _____

Você está no caminho certo! Deixe que Xangô guie seus passos e suas decisões!

Ejilaxeborá

ANOTAÇÕES:

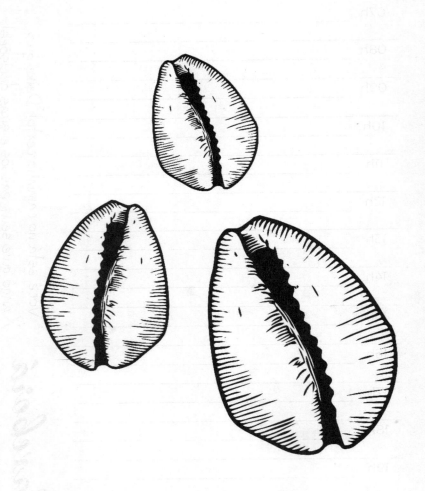

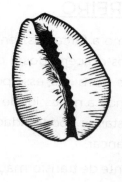
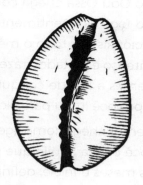

FEVEREIRO

Odu do mês: Ossá

Fogo e paixão correndo nas veias

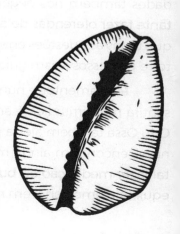

PREVISÕES PARA FEVEREIRO

A regência do Odu Ossá chega como a força das ventanias alimentando o fogo dos sentimentos exacerbados e dos ímpetos quase irracionais por todo o mês. Com isso, esse período promete ser intenso e agitado, trazendo a necessidade de fazer escolhas urgentes a fim de conquistar as oportunidades que por tanto tempo você lutou para alcançar.

A força dos ventos chega como agente de transformação, permitindo que você corrija aquilo que não foi feito como desejado nos últimos meses e inicie, definitivamente, aquilo que foi deixado para depois. Mais uma vez, é preciso harmonizar o seu ritmo com o ritmo do Universo ao seu redor, sendo necessário buscar o equilíbrio entre fogo e água: não adianta correr e acelerar os passos para acabar tropeçando em si mesma, mas também de nada adianta arrastar o ritmo por medo de errar e, com isso, não realizar nada.

Através desse Odu, a Orixá Iansã lhe trará a coragem e o ímpeto necessários para pôr em prática os seus planos mais audaciosos. Para isso você pode contar com uma ajudinha dos Orixás, acendendo algumas varetas de **incensos de Energia e Coragem** ou **Amor e Sedução da Coleção As Folhas Sagradas** para favorecer a realização dos seus desejos. Grandes oportunidades também nos negócios e na carreira, por isso **é importante fazer oferendas de amalás e acarajés aos Orixás** a fim de que todas as questões envolvendo contratos, papéis, documentos e processos sejam guiadas à melhor solução possível.

Pensamentos e humores confusos, com os quais você se sentirá mais irritadiça e ansiosa que o normal. A influência do Odu Ossá também alerta para os excessos que, no mês do carnaval, encontram ainda mais motivos para acontecerem. Que tal **fazer meditação ou buscar outra técnica de relaxamento e equilíbrio emocional** em meio a estes vendavais?

Odu Ofun NO ASPECTO *negativo*

<u>ORIXÁ REGENTE:</u> *Oxalufã*

☾ LUA CRESCENTE
Lua Vazia: 01/02 07:58h até 01/02 16:11h

01
QUARTA

Fevereiro

- 07h
- 08h
- 09h
- 10h
- 11h
- 12h
- 13h
- 14h
- 15h
- 16h
- 17h
- 18h
- 19h
- 20h
- 21h

ANOTAÇÕES:

Acredite: Oxalufã lhe dará a sabedoria necessária para evoluir e vencer!

Ofun

02
QUINTA

Dia de Iemanjá

Odu Owarin NO ASPECTO *positivo*
ORIXÁ REGENTE: *Iansã*
☾ LUA CRESCENTE

Fevereiro

Paz, sucesso e felicidade: essa é a profecia que Iansã realizará no seu dia!

Owarin

_____	07h
_____	08h
_____	09h
_____	10h
_____	11h
_____	12h
_____	13h
_____	14h
_____	15h
_____	16h
_____	17h
_____	18h
_____	19h
_____	20h
_____	21h

ANOTAÇÕES:

Fevereiro

Odu Ejilaxeborá NO ASPECTO *positivo*
<u>ORIXÁ REGENTE:</u> *Xangô*
☾ LUA CRESCENTE

03
SEXTA

07h _____
08h _____
09h _____
10h _____
11h _____
12h _____
13h _____
14h _____
15h _____
16h _____
17h _____
18h _____
19h _____
20h _____
21h _____

Por todo o dia e nos próximos que virão, agradeça a Xangô pelas vitórias da vida!

Ejilaxeborá

ANOTAÇÕES:

04
SÁBADO

Odu Ojiologbon NO ASPECTO *positivo*

ORIXÁ REGENTE: *Nanã*

☾ LUA CRESCENTE
Lua Vazia: 04/02 02:18h até 04/02 04:48h

Fevereiro

	07h
	08h
	09h
	10h
	11h
	12h
	13h
	14h
	15h
	16h
	17h
	18h
	19h
	20h
	21h

No dia de hoje e a cada momento, que Nanã abençoe os seus caminhos!

Ojiologbon

ANOTAÇÕES:

Odu Iká NO ASPECTO *positivo*
<u>ORIXÁ REGENTE:</u> *Oxumarê*
○ LUA CHEIA

Fevereiro

05
DOMINGO

07h _____
08h _____
09h _____
10h _____
11h _____
12h _____
13h _____
14h _____
15h _____
16h _____
17h _____
18h _____
19h _____
20h _____
21h _____

ANOTAÇÕES:

Por hoje e sempre, que Oxumarê lhe dê bons amigos em quem confiar!

Iká

06
SEGUNDA

Odu Obeogundá NO ASPECTO *negativo*
ORIXÁ REGENTE: *Obá*

O LUA CHEIA
Lua Vazia: 06/02 10:15h até 06/02 17:14h

Fevereiro

Enquanto há esperança, há um caminho! Que Obá lhe dê felicidade!

Obeogundá

- 07h
- 08h
- 09h
- 10h
- 11h
- 12h
- 13h
- 14h
- 15h
- 16h
- 17h
- 18h
- 19h
- 20h
- 21h

ANOTAÇÕES:

Odu Aláfia NO ASPECTO *positivo*
<u>ORIXÁ REGENTE:</u> *Orunmilá*
○ LUA CHEIA

07
TERÇA

Fevereiro

07h _____
08h _____
09h _____
10h _____
11h _____
12h _____
13h _____
14h _____
15h _____
16h _____
17h _____
18h _____
19h _____
20h _____
21h _____

ANOTAÇÕES:

Sorria: apesar da noite escura, um novo sol raiou! Deixe Orunmilá transformar o seu dia!

Aláfia

08
QUARTA

Odu Ejiogbê NO ASPECTO *positivo*
<u>ORIXÁ REGENTE:</u> *Xangô Airá*
○ LUA CHEIA

Fevereiro

Agradeça, perdoe e não deseje o mal... E Xangô Airá quem lhe protege das más influências!

Ejiogbê

	07h
	08h
	09h
	10h
	11h
	12h
	13h
	14h
	15h
	16h
	17h
	18h
	19h
	20h
	21h

ANOTAÇÕES:

Fevereiro

Odu Ossá NO ASPECTO *positivo*

<u>ORIXÁ REGENTE:</u> *Obá*

○ LUA CHEIA
Lua Vazia: 09/02 02:40h até 09/02 04:46h

09
QUINTA

07h ___
08h ___
09h ___
10h ___
11h ___
12h ___
13h ___
14h ___
15h ___
16h ___
17h ___
18h ___
19h ___
20h ___
21h ___

Acredite na força que há dentro de você! Obá está no comando do seu destino!

Ossá

ANOTAÇÕES:

10
SEXTA

Odu Ofun NO ASPECTO *positivo*
ORIXÁ REGENTE: *Oxalufã*
O LUA CHEIA

Fevereiro

	07h
	08h
	09h
	10h
	11h
	12h
	13h
	14h
	15h
	16h
	17h
	18h
	19h
	20h
	21h

Ouça sua intuição: ela é o poder de Oxalufã que vive dentro de você!

Ofun

ANOTAÇÕES:

Fevereiro

Odu Owarin NO ASPECTO *positivo*

ORIXÁ REGENTE: *Iansã*

○ LUA CHEIA
Lua Vazia: 11/02 12:41h até 11/02 14:34h

11
SÁBADO

07h
08h
09h
10h
11h
12h
13h
14h
15h
16h
17h
18h
19h
20h
21h

ANOTAÇÕES:

Aceite suas bênçãos: Iansã lhe permite renovar-se a cada manhã!

Owarin

12
DOMINGO

Odu Ejilaxeborá NO ASPECTO *positivo*
ORIXÁ REGENTE: *Xangô*
○ LUA CHEIA

Fevereiro

Acalme-se e siga em frente! Xangô lhe trará a força e a coragem para vencer!

Ejilaxeborá

_____ 07h
_____ 08h
_____ 09h
_____ 10h
_____ 11h
_____ 12h
_____ 13h
_____ 14h
_____ 15h
_____ 16h
_____ 17h
_____ 18h
_____ 19h
_____ 20h
_____ 21h

ANOTAÇÕES:

Fevereiro

Odu Ojiologbon NO ASPECTO *negativo*
<u>ORIXÁ REGENTE:</u> *Nanã*

☽ LUA MINGUANTE
Lua Vazia: 13/02 19:51h até 13/02 21:31h

13
SEGUNDA

07h _____
08h _____
09h _____
10h _____
11h _____
12h _____
13h _____
14h _____
15h _____
16h _____
17h _____
18h _____
19h _____
20h _____
21h _____

Nenhuma dor dura pra sempre! Que Nanã lhe acolha e conforte o seu coração!

Ojiologbon

ANOTAÇÕES:

14
TERÇA

Odu Iká NO ASPECTO *negativo*

ORIXÁ REGENTE: *Iyewá*

☾ LUA MINGUANTE

Fevereiro

Um novo tempo começou! Confie e receba as bênçãos que Iyewá preparou para você!

_____ 07h
_____ 08h
_____ 09h
_____ 10h
_____ 11h
_____ 12h
_____ 13h
_____ 14h
_____ 15h
_____ 16h
_____ 17h
_____ 18h
_____ 19h
_____ 20h
_____ 21h

Iká

ANOTAÇÕES:

Odu Obeogundá NO ASPECTO *negativo*

ORIXÁ REGENTE: *Obá*

☾ LUA MINGUANTE
Lua Vazia: 15/02 21:05h até 16/02 00:59h

15
QUARTA

Fevereiro

07h _____
08h _____
09h _____
10h _____
11h _____
12h _____
13h _____
14h _____
15h _____
16h _____
17h _____
18h _____
19h _____
20h _____
21h _____

Apesar das intempéries, que Obá multiplique suas boas ações!

Obeogundá

ANOTAÇÕES:

16
QUINTA

Odu Aláfia NO ASPECTO *negativo*
ORIXÁ REGENTE: *Orunmilá*
☾ LUA MINGUANTE
Lua Vazia: 15/02 21:05h até 16/02 00:59h

Fevereiro

Que Orunmilá lhe permita seguir em frente, pois a felicidade está chegando!

Aláfia

- 07h
- 08h
- 09h
- 10h
- 11h
- 12h
- 13h
- 14h
- 15h
- 16h
- 17h
- 18h
- 19h
- 20h
- 21h

ANOTAÇÕES:

Fevereiro

Odu Ejionilé NO ASPECTO *negativo*
ORIXÁ REGENTE: *Oxoguiã*
☾ LUA MINGUANTE

17
SEXTA

07h
08h
09h
10h
11h
12h
13h
14h
15h
16h
17h
18h
19h
20h
21h

Abra os olhos e permita-se enxergar as belezas que Oxoguiã preparou para você!

Ejionilé

ANOTAÇÕES:

18
SÁBADO

Odu Ossá NO ASPECTO *negativo*

<u>ORIXÁ REGENTE:</u> *Iyewá*

☽ LUA MINGUANTE
Lua Vazia: 18/02 00:17h até 18/02 01:34h

Fevereiro

Fé, força de vontade e paz no coração: esta é a promessa de Iyewá para o seu dia!

Ossá

____ 07h
____ 08h
____ 09h
____ 10h
____ 11h
____ 12h
____ 13h
____ 14h
____ 15h
____ 16h
____ 17h
____ 18h
____ 19h
____ 20h
____ 21h

ANOTAÇÕES:

Odu Ofun NO ASPECTO *negativo*

<u>ORIXÁ REGENTE:</u> *Oxalufã*

☾ LUA MINGUANTE
Lua Vazia: 19/02 22:00h até 20/02 00:55h

19
DOMINGO

Fevereiro

07h	_____
08h	_____
09h	_____
10h	_____
11h	_____
12h	_____
13h	_____
14h	_____
15h	_____
16h	_____
17h	_____
18h	_____
19h	_____
20h	_____
21h	_____

Não há caminhos fechados para quem tem fé e gratidão! Confie em Oxalufã!

Ofun

ANOTAÇÕES:

20
SEGUNDA

Carnaval

Odu Owarin NO ASPECTO *negativo*

<u>ORIXÁ REGENTE:</u> *Iansã*

● LUA NOVA
Lua Vazia: 19/02 22:00h até 20/02 00:55h

Fevereiro

Agradeça e siga em frente! Iansã abrirá os seus caminhos para a vitória!

Owarin

_____ 07h
_____ 08h
_____ 09h
_____ 10h
_____ 11h
_____ 12h
_____ 13h
_____ 14h
_____ 15h
_____ 16h
_____ 17h
_____ 18h
_____ 19h
_____ 20h
_____ 21h

ANOTAÇÕES:

Odu Ejilaxeborá NO ASPECTO *positivo*
<u>ORIXÁ REGENTE:</u> *Xangô*
● LUA NOVA

Fevereiro

21
TERÇA

Carnaval

07h
08h
09h
10h
11h
12h
13h
14h
15h
16h
17h
18h
19h
20h
21h

As palavras de Xangô são certeiras: seus caminhos lhe guiarão para a vitória.

Ejilaxeborá

ANOTAÇÕES:

22
QUARTA
Dia de Cinzas

Odu Ojiologbon NO ASPECTO *negativo*

ORIXÁ REGENTE: *Nanã*

● LUA NOVA
Lua Vazia: 22/02 00:05h até 22/02 01:13h

Fevereiro

Que Nanã lhe permita amadurecer com os desafios do destino!

Ojiologbon

	07h
	08h
	09h
	10h
	11h
	12h
	13h
	14h
	15h
	16h
	17h
	18h
	19h
	20h
	21h

ANOTAÇÕES:

Odu Iká NO ASPECTO *positivo*

<u>ORIXÁ REGENTE:</u> *Iyewá*

● LUA NOVA

Fevereiro

23
QUINTA

07h _____

08h _____

09h _____

10h _____

11h _____

12h _____

13h _____

14h _____

15h _____

16h _____

17h _____

18h _____

19h _____

20h _____

21h _____

Agradeça a cada segundo e observe o poder de Iyewá transformar sua vida!

Iká

ANOTAÇÕES:

24
SEXTA

Odu Obeogundá NO ASPECTO *negativo*

<u>ORIXÁ REGENTE:</u> *Obá*

● LUA NOVA

Lua Vazia: 24/02 03:21h até 24/02 04:29h

Fevereiro

Confiar na voz do seu coração é ouvir os conselhos de Obá para o seu dia!

Obeogundá

_____ 07h
_____ 08h
_____ 09h
_____ 10h
_____ 11h
_____ 12h
_____ 13h
_____ 14h
_____ 15h
_____ 16h
_____ 17h
_____ 18h
_____ 19h
_____ 20h
_____ 21h

ANOTAÇÕES:

Odu Aláfia NO ASPECTO *positivo*
<u>ORIXÁ REGENTE:</u> *Orunmilá*
● LUA NOVA

Fevereiro

25
SÁBADO

07h _____
08h _____
09h _____
10h _____
11h _____
12h _____
13h _____
14h _____
15h _____
16h _____
17h _____
18h _____
19h _____
20h _____
21h _____

Que neste dia que se anuncia, Orunmilá abençoe e proteja você e quem você ama!

Aláfia

ANOTAÇÕES:

26
DOMINGO

Odu Ejiogbê NO ASPECTO *positivo*
ORIXÁ REGENTE: *Xangô Airá*
● LUA NOVA
Lua Vazia: 26/02 10:42h até 26/02 11:47h

Fevereiro

Erga a cabeça e siga em frente! No dia de hoje, é Xangô quem lhe guia!

Ejiogbê

_____ 07h
_____ 08h
_____ 09h
_____ 10h
_____ 11h
_____ 12h
_____ 13h
_____ 14h
_____ 15h
_____ 16h
_____ 17h
_____ 18h
_____ 19h
_____ 20h
_____ 21h

ANOTAÇÕES:

Odu Ossá NO ASPECTO *positivo*

<u>ORIXÁ REGENTE:</u> *Iansã*

☾ LUA CRESCENTE

27
SEGUNDA

Fevereiro

07h _____
08h _____
09h _____
10h _____
11h _____
12h _____
13h _____
14h _____
15h _____
16h _____
17h _____
18h _____
19h _____
20h _____
21h _____

Persista! É Iansã quem está trilhando os seus passos para o sucesso!

Ossá

ANOTAÇÕES:

28
TERÇA

Odu Ofun NO ASPECTO *positivo*

<u>ORIXÁ REGENTE:</u> *Oxalufã*

☾ LUA CRESCENTE
Lua Vazia: 28/02 21:07h até 28/02 22:40h

Fevereiro

Fé acima de tudo e apesar de tudo! Tenha certeza: Oxalufã é por você!

Ofun

_____	07h
_____	08h
_____	09h
_____	10h
_____	11h
_____	12h
_____	13h
_____	14h
_____	15h
_____	16h
_____	17h
_____	18h
_____	19h
_____	20h
_____	21h

ANOTAÇÕES:

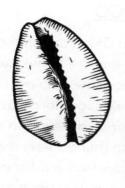
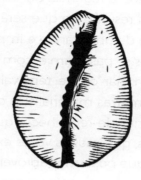

MARÇO

Odu do mês: Ofun

O tempo é o Senhor da razão

Previsões para Março

O novo mês sob a regência do Odu Ofun traz contrastes intensos, como um resumo do que será futuro a frente. Oxalá indica a finalização de um grande e importante ciclo em seus caminhos: os meses se passaram e, com eles, você foi capaz de identificar e determinar o que tem valor verdadeiro em sua vida, à parte das amarras materialistas do mundo. Para isso, é chegado o momento de reconhecer que a vida e o Universo têm ciclos próprios, que muitas vezes exigem que desaceleremos o passo para que possamos aproveitar as lições que a vida e o destino têm a ensinar. Insistir em manter o ritmo dos meses anteriores só fará com que você se canse antes de alcançar o seu destino.

Curiosamente, março também é o mês do ano novo astrológico, com a entrada do Sol no signo de Áries, e do ano novo mágico, com o início do outono e o retorno das sementes à terra. Com tudo isso, o novo ciclo que se aproxima exigirá encerramentos, ao mesmo tempo em que os meses à frente lhe darão as oportunidades de (re)começar.

Ofun é o Odu da eternidade, daquilo que insiste em ser sem ter motivo de continuar, trazendo reflexões sobre o desapego do passado para permitir-se renascer. Aproveite esse mês para avaliar seus erros e acertos até aqui e, ao identificar quais passos ainda são necessários para conquistar o que tanto você vem buscando, trace planos para agir no futuro breve; como diz um antigo ditado africano, "*meça o pano três vezes, só é possível cortá-lo uma vez*".

Para acalmar os pensamentos e lhe auxiliar nas tomadas de decisões, **vista roupas brancas às sextas-feiras e pratique o silêncio consciente**, evitando todo o tipo de discussões e desordens! Da mesma maneira, **exercite a generosidade** e veja o Universo se expandir na medida em que você se entrega à fé e à espiritualidade de maneira sincera.

Odu Owarin NO ASPECTO *positivo*

ORIXÁ REGENTE: *Iansã*

☾ LUA CRESCENTE

01
QUARTA

Março

07h _____
08h _____
09h _____
10h _____
11h _____
12h _____
13h _____
14h _____
15h _____
16h _____
17h _____
18h _____
19h _____
20h _____
21h _____

Não há caminhos fechados para quem confia em Iansã com fé e coragem!

Owarin

ANOTAÇÕES:

02
QUINTA

Odu Ejilaxeborá NO ASPECTO *positivo*
ORIXÁ REGENTE: *Xangô*
☾ LUA CRESCENTE

Março

Ejilaxeborá — No dia de hoje, que Xangô cubra seu lar e sua família com a felicidade!

_____ 07h
_____ 08h
_____ 09h
_____ 10h
_____ 11h
_____ 12h
_____ 13h
_____ 14h
_____ 15h
_____ 16h
_____ 17h
_____ 18h
_____ 19h
_____ 20h
_____ 21h

ANOTAÇÕES:

Março

Odu Ojiologbon NO ASPECTO *positivo*
<u>ORIXÁ REGENTE:</u> *Nanã*

☾ LUA CRESCENTE
Lua Vazia: 03/03 10:22h até 03/03 11:15h

03
SEXTA

07h
08h
09h
10h
11h
12h
13h
14h
15h
16h
17h
18h
19h
20h
21h

ANOTAÇÕES:

Acredite: Nanã lhe dará a sabedoria necessária para evoluir e vencer!

Ojiologbon

04
SÁBADO

Odu Iká NO ASPECTO *positivo*
<u>ORIXÁ REGENTE:</u> *Oxumarê*
☾ LUA CRESCENTE

Março

Persista! É Oxumarê quem está trilhando os seus passos para o sucesso!

Iká

	07h
	08h
	09h
	10h
	11h
	12h
	13h
	14h
	15h
	16h
	17h
	18h
	19h
	20h
	21h

ANOTAÇÕES:

Odu Obeegundá NO ASPECTO *positivo*

<u>ORIXÁ REGENTE:</u> *Obá*

☾ LUA CRESCENTE
Lua Vazia: 05/03 23:18h até 05/03 23:38h

05
DOMINGO

Março

07h _____
08h _____
09h _____
10h _____
11h _____
12h _____
13h _____
14h _____
15h _____
16h _____
17h _____
18h _____
19h _____
20h _____
21h _____

Apesar das intempéries, que Obá multiplique suas boas ações!

Obeegundá

ANOTAÇÕES:

06
SEGUNDA

Odu Aláfia NO ASPECTO *positivo*
ORIXÁ REGENTE: *Orunmilá*
☾ LUA CRESCENTE

Março

Aceite suas bênçãos: Orunmilá lhe permite renovar-se a cada manhã!

Aláfia

	07h
	08h
	09h
	10h
	11h
	12h
	13h
	14h
	15h
	16h
	17h
	18h
	19h
	20h
	21h

ANOTAÇÕES:

Odu Ejiogbê NO ASPECTO *positivo*

<u>ORIXÁ REGENTE:</u> *Xangô Airá*

○ LUA CHEIA

07
TERÇA

Março

- 07h _____
- 08h _____
- 09h _____
- 10h _____
- 11h _____
- 12h _____
- 13h _____
- 14h _____
- 15h _____
- 16h _____
- 17h _____
- 18h _____
- 19h _____
- 20h _____
- 21h _____

Respire fundo e olhe para dentro de si: é lá que mora a força sagrada de Xangô!

Ejiogbê

ANOTAÇÕES:

08
QUARTA

Odu Ossá NO ASPECTO *positivo*

<u>ORIXÁ REGENTE:</u> *Iansã*

○ LUA CHEIA
Lua Vazia: 08/03 10:07h até 08/03 10:43h

Março

Dia Internacional da Mulher

Acredite na força que há dentro de você! Iansã está no comando do seu destino!

Ossá

- 07h
- 08h
- 09h
- 10h
- 11h
- 12h
- 13h
- 14h
- 15h
- 16h
- 17h
- 18h
- 19h
- 20h
- 21h

ANOTAÇÕES:

Odu Ofun NO ASPECTO *positivo*
<u>ORIXÁ REGENTE:</u> *Oxalufã*
○ LUA CHEIA

09
QUINTA

Março

07h	
08h	
09h	
10h	
11h	
12h	
13h	
14h	
15h	
16h	
17h	
18h	
19h	
20h	
21h	

Abra os olhos e permita-se enxergar as belezas que Oxalufã preparou para você!

Ofun

ANOTAÇÕES:

10
SEXTA

Odu Owarin NO ASPECTO *positivo*

<u>ORIXÁ REGENTE:</u> *Iansã*

○ LUA CHEIA
Lua Vazia: 10/03 19:36h até 10/03 20:05h

Março

É nos pequenos sinais do universo que as bênçãos de Iansã se manifestam, permita-se enxergá-los!

Owarin

_____ 07h
_____ 08h
_____ 09h
_____ 10h
_____ 11h
_____ 12h
_____ 13h
_____ 14h
_____ 15h
_____ 16h
_____ 17h
_____ 18h
_____ 19h
_____ 20h
_____ 21h

ANOTAÇÕES:

Março

Odu Ejilaxeborá NO ASPECTO *positivo*
ORIXÁ REGENTE: *Xangô*
O LUA CHEIA

11
SÁBADO

07h
08h
09h
10h
11h
12h
13h
14h
15h
16h
17h
18h
19h
20h
21h

ANOTAÇÕES:

Quando tudo parecer perdido, que Xangô seja a luz da esperança a lhe guiar!

Ejilaxeborá

12
DOMINGO

Odu Ojiologbon NO ASPECTO *positivo*
<u>ORIXÁ REGENTE:</u> *Nanã*

○ LUA CHEIA

Março

De agora em diante e por todo o sempre, que Nanã lhe dê força e coragem para vencer!

Ojiologbon

	07h
	08h
	09h
	10h
	11h
	12h
	13h
	14h
	15h
	16h
	17h
	18h
	19h
	20h
	21h

ANOTAÇÕES:

Odu Iká NO ASPECTO *positivo*

<u>ORIXÁ REGENTE:</u> *Iyewá*

○ LUA CHEIA
Lua Vazia: 13/03 03:58h até 13/03 04:20h

Março

13
SEGUNDA

07h _____
08h _____
09h _____
10h _____
11h _____
12h _____
13h _____
14h _____
15h _____
16h _____
17h _____
18h _____
19h _____
20h _____
21h _____

Não há caminhos fechados para quem tem fé e gratidão! Confie em Iyewá!

Iká

ANOTAÇÕES:

14
TERÇA

Odu Obeogundá NO ASPECTO *negativo*
<u>ORIXÁ REGENTE:</u> *Obá*
☾ LUA MINGUANTE

Março

Enquanto há esperança, há um caminho!
Que Obá lhe dê felicidade!

Obeogundá

	07h
	08h
	09h
	10h
	11h
	12h
	13h
	14h
	15h
	16h
	17h
	18h
	19h
	20h
	21h

ANOTAÇÕES:

Odu Aláfia NO ASPECTO *negativo*

<u>ORIXÁ REGENTE:</u> *Orunmilá*

☽ LUA MINGUANTE

Lua Vazia: 15/03 05:50h até 15/03 09:05h

15
QUARTA

Março

07h
08h
09h
10h
11h
12h
13h
14h
15h
16h
17h
18h
19h
20h
21h

Respire fundo e confie: Orunmilá tem uma grande vitória guardada para você!

Aláfia

ANOTAÇÕES:

16
QUINTA

Odu Ejionilé NO ASPECTO *negativo*
<u>ORIXÁ REGENTE:</u> *Oxoguiã*
☽ LUA MINGUANTE

Março

Confiar na voz do seu coração é ouvir os conselhos de Oxoguiã para o seu dia!

Ejionilé

- 07h
- 08h
- 09h
- 10h
- 11h
- 12h
- 13h
- 14h
- 15h
- 16h
- 17h
- 18h
- 19h
- 20h
- 21h

ANOTAÇÕES:

Março

Odu Ossá NO ASPECTO *negativo*

<u>ORIXÁ REGENTE:</u> *Iyewá*

☽ LUA MINGUANTE
Lua Vazia: 17/03 11:13h até 17/03 11:24h

17
SEXTA

07h
08h
09h
10h
11h
12h
13h
14h
15h
16h
17h
18h
19h
20h
21h

Erga a cabeça e siga em frente! No dia de hoje, é Iyewá quem lhe guia!

Ossá

ANOTAÇÕES:

18
SÁBADO

Odu Ofun NO ASPECTO *negativo*
ORIXÁ REGENTE: *Oxalufã*
☾ LUA MINGUANTE

Março

Se os olhos são o espelho da alma, que Oxalufã faça os seus brilharem de alegria!

Ofun

	07h
	08h
	09h
	10h
	11h
	12h
	13h
	14h
	15h
	16h
	17h
	18h
	19h
	20h
	21h

ANOTAÇÕES:

Odu Ejiokô NO ASPECTO *negativo*

<u>ORIXÁ REGENTE:</u> *Omolu*

☽ LUA MINGUANTE
Lua Vazia: 19/03 07:33h até 19/03 12:11h

Março

19
DOMINGO

07h _____
08h _____
09h _____
10h _____
11h _____
12h _____
13h _____
14h _____
15h _____
16h _____
17h _____
18h _____
19h _____
20h _____
21h _____

Acalme seu coração e receba as bençãos de Omolu... Um novo dia vai raiar!

Ejiokô

ANOTAÇÕES:

20

SEGUNDA

Início do Outono

Odu Ejilaxeborá NO ASPECTO *negativo*

ORIXÁ REGENTE: *Xangô*

☽ LUA MINGUANTE

Março

Ouça sua intuição: ela é o poder de Xangô que vive dentro de você!

Ejilaxeborá

	07h
	08h
	09h
	10h
	11h
	12h
	13h
	14h
	15h
	16h
	17h
	18h
	19h
	20h
	21h

ANOTAÇÕES:

Odu Ojiologbon NO ASPECTO *negativo*

<u>ORIXÁ REGENTE:</u> *Nanã*

● LUA NOVA

Lua Vazia: 21/03 12:57h até 21/03 13:01h

Março

21
TERÇA

Dia Internacional Contra a Discriminação Racial / Dia Nacional do Candomblé

07h	
08h	
09h	
10h	
11h	
12h	
13h	
14h	
15h	
16h	
17h	
18h	
19h	
20h	
21h	

Paz, sucesso e felicidade: essa é a profecia que Nanã realizará no seu dia!

Ojiologbon

ANOTAÇÕES:

22
QUARTA

Odu Iká NO ASPECTO *positivo*
ORIXÁ REGENTE: *Oxumarê*
● LUA NOVA

Março

Receba as bênçãos de Oxumarê e permita-se ser feliz por existir: você merece!

07h
08h
09h
10h
11h
12h
13h
14h
15h
16h
17h
18h
19h
20h
21h

ANOTAÇÕES:

Março

Odu Obeegundá NO ASPECTO *negativo*

<u>ORIXÁ REGENTE:</u> *Obá*

● LUA NOVA

Lua Vazia: 23/03 14:12h até 23/03 15:41h

23
QUINTA

07h _____
08h _____
09h _____
10h _____
11h _____
12h _____
13h _____
14h _____
15h _____
16h _____
17h _____
18h _____
19h _____
20h _____
21h _____

ANOTAÇÕES:

Olhe para os céus e ouça a voz de Obá dizendo: você é capaz de transformar a sua vida!

Obeegundá

24
SEXTA

Odu Aláfia NO ASPECTO *positivo*
<u>ORIXÁ REGENTE:</u> *Orunmilá*
● LUA NOVA

Março

Que Orunmilá lhe permita amadurecer com os desafios do destino!

Aláfia

_____ 07h
_____ 08h
_____ 09h
_____ 10h
_____ 11h
_____ 12h
_____ 13h
_____ 14h
_____ 15h
_____ 16h
_____ 17h
_____ 18h
_____ 19h
_____ 20h
_____ 21h

ANOTAÇÕES:

Março

Odu Ejionilé NO ASPECTO *negativo*
ORIXÁ REGENTE: *Oxoguiã*
● LUA NOVA
Lua Vazia: 25/03 13:19h até 25/03 21:41h

25
SÁBADO

07h
08h
09h
10h
11h
12h
13h
14h
15h
16h
17h
18h
19h
20h
21h

Fé, força de vontade e paz no coração: esta é a promessa de Oxoguiã para o seu dia!

Ejionilé

ANOTAÇÕES:

26
DOMINGO

Odu Ossá NO ASPECTO *negativo*
ORIXÁ REGENTE: *Iemanjá*
● LUA NOVA

Março

Você é capaz de superar todos os desafios! Confie em Iemanjá e transforme o seu dia!

_____ 07h
_____ 08h
_____ 09h
_____ 10h
_____ 11h
_____ 12h
_____ 13h
_____ 14h
_____ 15h
_____ 16h
_____ 17h
_____ 18h
_____ 19h
_____ 20h
_____ 21h

ANOTAÇÕES:

Março

Odu Ofun NO ASPECTO *negativo*

ORIXÁ REGENTE: *Oxalufã*

● LUA NOVA

Lua Vazia: 27/03 22:39h até 28/03 07:21h

27
SEGUNDA

07h ___
08h ___
09h ___
10h ___
11h ___
12h ___
13h ___
14h ___
15h ___
16h ___
17h ___
18h ___
19h ___
20h ___
21h ___

Por hoje e sempre, que Oxalufã lhe dê bons amigos em quem confiar!

Ofun

ANOTAÇÕES:

28
TERÇA

Odu Ejiokô NO ASPECTO *negativo*

<u>ORIXÁ REGENTE:</u> *Exu Eleguá*

☾ LUA CRESCENTE

Lua Vazia: 27/03 22:39h até 28/03 07:21h

Março

Meu maior desejo? Que Exu Eleguá lhe faça capaz de agir e mudar o seu destino!

Ejiokô

	07h
	08h
	09h
	10h
	11h
	12h
	13h
	14h
	15h
	16h
	17h
	18h
	19h
	20h
	21h

ANOTAÇÕES:

Odu Ogundá NO ASPECTO *positivo*
<u>ORIXÁ REGENTE:</u> *Ogum Alabedé*
☾ LUA CRESCENTE

29
QUARTA

Março

07h ___
08h ___
09h ___
10h ___
11h ___
12h ___
13h ___
14h ___
15h ___
16h ___
17h ___
18h ___
19h ___
20h ___
21h ___

Bons caminhos, boas conquistas e boas companhias: é Ogum quem lhe protege!

Ogundá

ANOTAÇÕES:

30
QUINTA

Odu Ojiologbon NO ASPECTO *negativo*

<u>ORIXÁ REGENTE:</u> *Nanã*

☾ LUA CRESCENTE
Lua Vazia: 30/03 10:45h até 30/03 19:31h

Março

Que tal começar o dia sorrindo? Deixe a força de Nanã lhe inspirar e guiar o seu destino!

Ojiologbon

	07h
	08h
	09h
	10h
	11h
	12h
	13h
	14h
	15h
	16h
	17h
	18h
	19h
	20h
	21h

ANOTAÇÕES:

Odu Iká NO ASPECTO *positivo*

ORIXÁ REGENTE: *Iyewá*

☾ LUA CRESCENTE

Março

31
SEXTA

07h ___
08h ___
09h ___
10h ___
11h ___
12h ___
13h ___
14h ___
15h ___
16h ___
17h ___
18h ___
19h ___
20h ___
21h ___

Agradeça a cada segundo e observe o poder de Iyewá transformar sua vida!

Iká

ANOTAÇÕES:

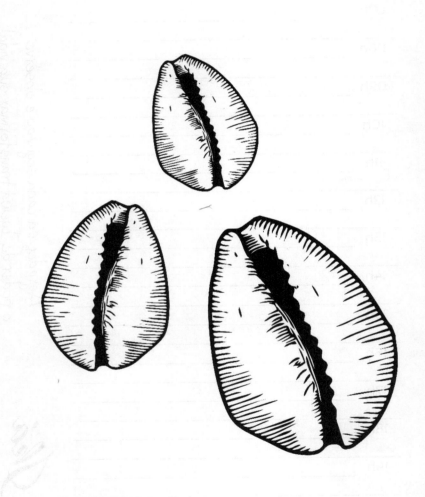

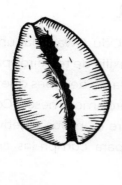
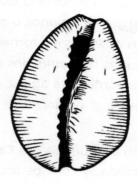

ABRIL

Odu do mês: Owarin

Caminhos solitários não trazem discórdias

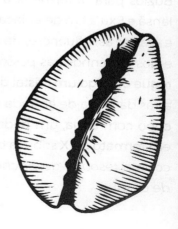

Previsões para Abril

O mês chega sob a influência do Odu Owarin, anunciando a realização de grandes planos, o auxílio de terceiros para a conquista dos seus objetivos e a tomada de decisões que levarão a bons resultados no correr dos próximos meses. Com isso, é momento de começar a agir sobre os novos objetivos, traçar suas prioridades e organizar-se para cumpri-las com afinco e dedicação.

Entretanto, sob a influência dos Orixás Exu e Iansã, é preciso tomar muito cuidado com os aspectos negativos deste Odu, que alerta para perigos de acidentes inesperados. Redobre os cuidados nas ruas, especialmente à noite, e nas discussões e brigas. Além disso, é importante observar que as sombras de Owarin podem trazer o desequilíbrio dos seus relacionamentos pessoais, profissionais e amorosos, por isso, atenção! Não empreste dinheiro a ninguém, não assuma os problemas dos outros, não empenhe seu nome em qualquer assunto que não seja absolutamente de sua responsabilidade, sob qualquer hipótese! No âmbito profissional, mantenha-se distante de conflitos e evite iniciar qualquer novo projeto ou contrato. Esse deve ser um mês de retidão e cuidados pessoais.

Acima de tudo, **antes do início do mês, busque o Jogo de Búzios para determinar a forma correta de agradar os Orixás Iansã e Exu** a fim de aplacar os perigos iminentes desse período e afastar as influências de Egun e Orixá Iku dos seus caminhos e dos caminhos das pessoas próximas a você. Além disso, **carregue consigo um cristal de Turmalina Negra como proteção** e, atrás da porta de entrada principal da sua casa, mantenha **um copo com água, um pedaço de carvão e uma tesoura aberta em formato de X** sobre a boca do copo (*no final do mês, lave o copo e tesoura, despachando o restante numa mata longe de casa*).

Odu Ejilaxeborá NO ASPECTO *positivo*
<u>ORIXÁ REGENTE:</u> *Xangô*
☾ LUA CRESCENTE

Abril

01
SÁBADO

07h
08h
09h
10h
11h
12h
13h
14h
15h
16h
17h
18h
19h
20h
21h

Abra os olhos e permita-se enxergar as belezas que Xangô preparou para você!

Ejilaxeborá

ANOTAÇÕES:

02
DOMINGO

Odu Ojiologbon NO ASPECTO *positivo*
ORIXÁ REGENTE: *Nanã*
☾ LUA CRESCENTE
Lua Vazia: 02/04 03:02h até 02/04 07:59h

Abril

Por hoje e sempre, que Nanã lhe dê bons amigos em quem confiar!

Ojiologbon

- 07h
- 08h
- 09h
- 10h
- 11h
- 12h
- 13h
- 14h
- 15h
- 16h
- 17h
- 18h
- 19h
- 20h
- 21h

ANOTAÇÕES:

Odu Iká NO ASPECTO *positivo*
ORIXÁ REGENTE: *Oxumarê*
☾ LUA CRESCENTE

03
SEGUNDA

Abril

07h
08h
09h
10h
11h
12h
13h
14h
15h
16h
17h
18h
19h
20h
21h

Enquanto há esperança, há um caminho! Que Oxumarê lhe dê felicidade!

Iká

ANOTAÇÕES:

04
TERÇA

Odu Obeegundá NO ASPECTO *negativo*

<u>ORIXÁ REGENTE:</u> *Obá*

☾ LUA CRESCENTE
Lua Vazia: 04/04 10:49h até 04/04 18:00h

Abril

Dia de São Benedito / Dia de Ossain

Agradeça, perdoe e não deseje o mal... É Obá quem lhe protege das más influências!

Obeegundá

	07h
	08h
	09h
	10h
	11h
	12h
	13h
	14h
	15h
	16h
	17h
	18h
	19h
	20h
	21h

ANOTAÇÕES:

Odu Aláfia no aspecto *positivo*
<u>Orixá Regente:</u> *Orunmilá*
☾ LUA CRESCENTE

05
QUARTA

Abril

- 07h _____
- 08h _____
- 09h _____
- 10h _____
- 11h _____
- 12h _____
- 13h _____
- 14h _____
- 15h _____
- 16h _____
- 17h _____
- 18h _____
- 19h _____
- 20h _____
- 21h _____

Um pouco de fé e muita coragem: essa é a receita de Orunmilá para a sua vitória!

Aláfia

ANOTAÇÕES:

06

QUINTA

Odu Ejionilé NO ASPECTO *negativo*

ORIXÁ REGENTE: *Oxoguiã*

O LUA CHEIA
Lua Vazia: 06/04 09:42h até 07/04 03:29h

Abril

Que nesse dia, Oxoguiã cubra seu lar com confiança e felicidade!

Ejionilé

	07h
	08h
	09h
	10h
	11h
	12h
	13h
	14h
	15h
	16h
	17h
	18h
	19h
	20h
	21h

ANOTAÇÕES:

Odu Ossá NO ASPECTO *negativo*

<u>ORIXÁ REGENTE:</u> *Iyewá*

O LUA CHEIA
Lua Vazia: 06/04 09:42h até 07/04 03:29h

Abril

07
SEXTA

Sexta-feira Santa / Paixão de Cristo

07h _____
08h _____
09h _____
10h _____
11h _____
12h _____
13h _____
14h _____
15h _____
16h _____
17h _____
18h _____
19h _____
20h _____
21h _____

Ouça sua intuição: ela é o poder de Iyewá que vive dentro de você!

Ossá

ANOTAÇÕES:

08
SÁBADO
Sábado de Aleluia

Odu Ofun NO ASPECTO *positivo*
<u>ORIXÁ REGENTE:</u> *Oxalufã*
○ LUA CHEIA

Abril

Sonia: apesar da noite escura, um novo sol raiou! Deixe Oxalufã transformar o seu dia!

_____	07h
_____	08h
_____	09h
_____	10h
_____	11h
_____	12h
_____	13h
_____	14h
_____	15h
_____	16h
_____	17h
_____	18h
_____	19h
_____	20h
_____	21h

ANOTAÇÕES:

Odu Ejiokô NO ASPECTO *positivo*

<u>ORIXÁ REGENTE:</u> *Ibeji*

○ LUA CHEIA
Lua Vazia: 09/04 06:29h até 09/04 09:56h

09
DOMINGO

Páscoa

07h	
08h	
09h	
10h	
11h	
12h	
13h	
14h	
15h	
16h	
17h	
18h	
19h	
20h	
21h	

Já ouviu seu bater coração hoje? É Ibeji dizendo que chegou a hora de vencer!

Ejiokô

ANOTAÇÕES:

10
SEGUNDA

Odu Ejilaxeborá NO ASPECTO *positivo*
<u>ORIXÁ REGENTE:</u> *Xangô*
O LUA CHEIA

Abril

Ejilaxeborá — Que Xangô lhe permita seguir em frente, pois a felicidade está chegando!

	07h
	08h
	09h
	10h
	11h
	12h
	13h
	14h
	15h
	16h
	17h
	18h
	19h
	20h
	21h

ANOTAÇÕES:

Abril

Odu Ojiologbon NO ASPECTO *negativo*
<u>ORIXÁ REGENTE:</u> *Nanã*

○ LUA CHEIA
Lua Vazia: 11/04 07:47h até 11/04 14:33h

11
TERÇA

07h _____
08h _____
09h _____
10h _____
11h _____
12h _____
13h _____
14h _____
15h _____
16h _____
17h _____
18h _____
19h _____
20h _____
21h _____

Aceite suas bênçãos: Nanã lhe permite renovar-se a cada manhã!

Ojiologbon

ANOTAÇÕES:

12
QUARTA

Odu Iká NO ASPECTO *positivo*

<u>ORIXÁ REGENTE:</u> *Iyewá*

○ LUA CHEIA

Abril

Apesar das intempéries, que Iyewá multiplique suas boas ações!

Iká

_____ 07h
_____ 08h
_____ 09h
_____ 10h
_____ 11h
_____ 12h
_____ 13h
_____ 14h
_____ 15h
_____ 16h
_____ 17h
_____ 18h
_____ 19h
_____ 20h
_____ 21h

ANOTAÇÕES:

Odu Obeegundá NO ASPECTO *negativo*

ORIXÁ REGENTE: *Obá*

☽ LUA MINGUANTE
Lua Vazia: 13/04 11:14h até 13/04 17:42h

13
QUINTA

Abril

07h
08h
09h
10h
11h
12h
13h
14h
15h
16h
17h
18h
19h
20h
21h

Abra o coração e agradeça: Obá é quem trará equilíbrio para as suas escolhas!

Obeegundá

ANOTAÇÕES:

14
SEXTA

Odu Aláfia NO ASPECTO *negativo*
<u>ORIXÁ REGENTE:</u> *Orunmilá*
☾ LUA MINGUANTE

Abril

Um novo tempo começou! Confie e receba as bênçãos que Orunmilá preparou para você!

Aláfia

- 07h
- 08h
- 09h
- 10h
- 11h
- 12h
- 13h
- 14h
- 15h
- 16h
- 17h
- 18h
- 19h
- 20h
- 21h

ANOTAÇÕES:

Abril

Odu Ejíonilé NO ASPECTO *negativo*
ORIXÁ REGENTE: *Oxoguiã*
☾ LUA MINGUANTE
Lua Vazia: 15/04 12:15h até 15/04 19:56h

15
SÁBADO

07h
08h
09h
10h
11h
12h
13h
14h
15h
16h
17h
18h
19h
20h
21h

Por hoje e pelos dias que virão, que Oxoguiã lhe acolha em seus braços e abençoe seu dia!

Ejionilé

ANOTAÇÕES:

16
DOMINGO

Odu Ossá NO ASPECTO *negativo*

ORIXÁ REGENTE: *Iyewá*

☾ LUA MINGUANTE

Abril

Que a força de Iyewá lhe torne capaz de confiar e amar a si e a todos ao seu redor!

Ossá

	07h
	08h
	09h
	10h
	11h
	12h
	13h
	14h
	15h
	16h
	17h
	18h
	19h
	20h
	21h

ANOTAÇÕES:

Odu Ofun NO ASPECTO *negativo*

<u>ORIXÁ REGENTE:</u> *Oxalufã*

☾ LUA MINGUANTE
Lua Vazia: 17/04 15:56h até 17/04 22:09h

17
SEGUNDA

Abril

07h _____

08h _____

09h _____

10h _____

11h _____

12h _____

13h _____

14h _____

15h _____

16h _____

17h _____

18h _____

19h _____

20h _____

21h _____

No dia de hoje e a cada momento, que Oxalufã abençoe os seus caminhos!

Ofun

ANOTAÇÕES:

18

TERÇA

Odu Ejiokô NO ASPECTO *negativo*
<u>ORIXÁ REGENTE:</u> *Exu Eleguá*
☾ LUA MINGUANTE

Abril

Dia Nacional do Livro Infantil

De agora em diante e por todo o sempre, que Exu Eleguá lhe dê força e coragem para vencer!

Ejiokô

- 07h
- 08h
- 09h
- 10h
- 11h
- 12h
- 13h
- 14h
- 15h
- 16h
- 17h
- 18h
- 19h
- 20h
- 21h

ANOTAÇÕES:

Odu Ogundá NO ASPECTO *negativo*
ORIXÁ REGENTE: *Ogum Alabedé*
☾ LUA MINGUANTE

19
QUARTA

Dia da Diversidade Indígena / Dia de Santo Expedito / Dia de Logunedé

07h
08h
09h
10h
11h
12h
13h
14h
15h
16h
17h
18h
19h
20h
21h

ANOTAÇÕES:

É nos pequenos sinais do universo que as bênçãos de Ogum se manifestam, permita-se enxergá-los!

Ogundá

20
QUINTA

Odu Ojiologbon NO ASPECTO *negativo*
ORIXÁ REGENTE: *Nanã*

● LUA NOVA
Lua Vazia: 20/04 01:12h até 20/04 01:29h

Abril

Que neste dia que se anuncia, Nanã abençoe e proteja você e quem você ama!

Ojiologbon

_____ 07h
_____ 08h
_____ 09h
_____ 10h
_____ 11h
_____ 12h
_____ 13h
_____ 14h
_____ 15h
_____ 16h
_____ 17h
_____ 18h
_____ 19h
_____ 20h
_____ 21h

ANOTAÇÕES:

Odu Iká NO ASPECTO *positivo*

<u>ORIXÁ REGENTE:</u> *Iyewá*

● LUA NOVA

21
SEXTA
Tiradentes

07h _____

08h _____

09h _____

10h _____

11h _____

12h _____

13h _____

14h _____

15h _____

16h _____

17h _____

18h _____

19h _____

20h _____

21h _____

Fé, força de vontade e paz no coração: esta é a promessa de Iyewá para o seu dia!

Iká

ANOTAÇÕES:

22

SÁBADO

Dia da terra

Odu Obeogundá NO ASPECTO *negativo*

<u>ORIXÁ REGENTE:</u> *Obá*

● LUA NOVA
Lua Vazia: 22/04 00:41h até 22/04 07:10h

Abril

Obeogundá — Por hoje e todo o sempre, que Obá guie seus passos e abra os seus caminhos!

_____ 07h
_____ 08h
_____ 09h
_____ 10h
_____ 11h
_____ 12h
_____ 13h
_____ 14h
_____ 15h
_____ 16h
_____ 17h
_____ 18h
_____ 19h
_____ 20h
_____ 21h

ANOTAÇÕES:

Abril

Odu Aláfia NO ASPECTO *positivo*
ORIXÁ REGENTE: *Orunmilá*
● LUA NOVA

23
DOMINGO

Dia de São Jorge / Dia de Ogum / Dia Mundial do Livro

07h _____
08h _____
09h _____
10h _____
11h _____
12h _____
13h _____
14h _____
15h _____
16h _____
17h _____
18h _____
19h _____
20h _____
21h _____

Respire fundo e confie: Orunmilá tem uma grande vitória guardada para você!

Aláfia

ANOTAÇÕES:

24
SEGUNDA

Odu Ejionilé NO ASPECTO *negativo*

<u>ORIXÁ REGENTE:</u> *Oxoguiã*

● LUA NOVA
Lua Vazia: 24/04 09:14h até 24/04 15:58h

Abril

Avante! Oxoguiã vai lhe guiar no caminho da verdade e da felicidade!

Ejionilé

_____	07h
_____	08h
_____	09h
_____	10h
_____	11h
_____	12h
_____	13h
_____	14h
_____	15h
_____	16h
_____	17h
_____	18h
_____	19h
_____	20h
_____	21h

ANOTAÇÕES:

Odu Ossá NO ASPECTO *negativo*

<u>ORIXÁ REGENTE:</u> *Iansã*

● LUA NOVA

25
TERÇA

Abril

07h

08h

09h

10h

11h

12h

13h

14h

15h

16h

17h

18h

19h

20h

21h

Não há caminhos fechados para quem confia em Iansã com fé e coragem!

Ossá

ANOTAÇÕES:

26
QUARTA

Odu Ofun NO ASPECTO *negativo*

<u>ORIXÁ REGENTE:</u> *Oxalufã*

● LUA NOVA

Lua Vazia: 26/04 20:40h até 27/04 03:29h

Abril

Acalme seu coração e receba as bênçãos de Oxalufã... Um novo dia vai raiar!

Ofun

_____	07h
_____	08h
_____	09h
_____	10h
_____	11h
_____	12h
_____	13h
_____	14h
_____	15h
_____	16h
_____	17h
_____	18h
_____	19h
_____	20h
_____	21h

ANOTAÇÕES:

Abril

Odu Ejiokô NO ASPECTO *negativo*
<u>ORIXÁ REGENTE:</u> *Exu Eleguá*
☾ LUA CRESCENTE
Lua Vazia: 26/04 20:40h até 27/04 03:29h

27
QUINTA

07h _____
08h _____
09h _____
10h _____
11h _____
12h _____
13h _____
14h _____
15h _____
16h _____
17h _____
18h _____
19h _____
20h _____
21h _____

Um novo sol raiou... Que Exu Eleguá abençoe e proteja o seu dia!

Ejiokô

ANOTAÇÕES:

28
SEXTA

Odu Ogundá NO ASPECTO *positivo*
<u>ORIXÁ REGENTE:</u> *Ogum Alabedé*
☾ LUA CRESCENTE

Abril

Nas encruzilhadas da vida, que Exu guie os seus passos e abençoe o seu caminho!

Ogundá

_____	07h
_____	08h
_____	09h
_____	10h
_____	11h
_____	12h
_____	13h
_____	14h
_____	15h
_____	16h
_____	17h
_____	18h
_____	19h
_____	20h
_____	21h

ANOTAÇÕES:

Odu Irossun NO ASPECTO *negativo*

<u>ORIXÁ REGENTE:</u> *Iemanjá*

☾ LUA CRESCENTE

Lua Vazia: 29/04 07:52h até 29/04 15:59h

29
SÁBADO

07h _____

08h _____

09h _____

10h _____

11h _____

12h _____

13h _____

14h _____

15h _____

16h _____

17h _____

18h _____

19h _____

20h _____

21h _____

Nenhuma dor dura pra sempre! Que Iemanjá lhe acolha e conforte o seu coração!

Irossun

ANOTAÇÕES:

30
DOMINGO

Odu Iká NO ASPECTO *positivo*
ORIXÁ REGENTE: *Iyewá*
☾ LUA CRESCENTE

Abril

Olhe para os céus e ouça a voz de Iyewá dizendo: você é capaz de transformar a sua vida!

Iká

- 07h
- 08h
- 09h
- 10h
- 11h
- 12h
- 13h
- 14h
- 15h
- 16h
- 17h
- 18h
- 19h
- 20h
- 21h

ANOTAÇÕES:

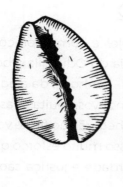
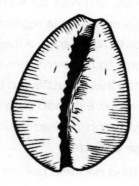

MAIO

Odu do mês: Ejilaxeborá

Na balança da vida, o que pesa é a verdade

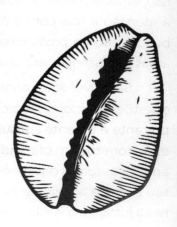

Previsões para Maio

Este promete ser um mês de festejos e comemorações, mesmo das menores coisas, pela regência do Odu Ejilaxeborá e forte influência dos Orixás Xangô e Ibeji – senhores da alegria. Toda essa comemoração não vem sem motivos: muitas das situações que até então lhe angustiavam chegarão ao fim e você as superará em definitivo, exigindo para isso muito esforço que, apesar de tudo, será recompensador. Verdade e justiça são as palavras-chave desse período.

Se estiver de olho naquela pessoa especial e em dúvidas de dar o próximo passo, é chegada a hora; se já estiver em um relacionamento, que tal esquentar a relação? Sensualidade em alta, portanto aproveite os momentos a dois para renovar os afetos e deliciar-se com os prazeres da vida. Ainda assim, cuidado com os excessos, pois, sob a regência do Odu Ejilaxeborá, mais que nunca vale o ditado de que "tudo lhe é permitido, mas nem tudo lhe convém".

Mesmo em meio a todas as conquistas, durante todo o mês é importante tomar cuidado com as associações e parcerias comerciais e profissionais. Você será chamada a tomar decisões sobre questões que não lhe dizem respeito diretamente, mas pelas quais você pode ser responsabilizada no futuro. Por isso, especialmente ao lidar com documentos e papéis, redobre a atenção e leia com cautela cada detalhe. Caso necessário, busque auxílio profissional de advogados ou profissionais das áreas necessárias para orientá-la.

Se estiver aguardando a solução de processos judiciais ou questões relacionadas a contratos, negócios e empresas, **é importante e urgente consultar o Jogo de Búzios para realizar os ebós corretos em oferenda aos Orixás Ogum e Xangô** a fim de aplacar as forças das mentiras que foram contadas envolvendo seu nome e apaziguar as enganações do mundo, fazendo reinar a justiça e a verdade em seus caminhos.

Odu Ojiologbon NO ASPECTO *negativo*

<u>ORIXÁ REGENTE:</u> *Nanã*

☾ LUA CRESCENTE

Lua Vazia: 01/05 20:52h até 02/05 03:08h

01
SEGUNDA

Maio

Dia do Trabalho / Dia da Literatura Brasileira

- 07h
- 08h
- 09h
- 10h
- 11h
- 12h
- 13h
- 14h
- 15h
- 16h
- 17h
- 18h
- 19h
- 20h
- 21h

Por todo o dia e nos próximos que virão, agradeça a Nanã pelas vitórias da vida.

Ojiologbon

ANOTAÇÕES:

02
TERÇA

Odu Iká NO ASPECTO *negativo*

ORIXÁ REGENTE: *Iyewá*

☾ LUA CRESCENTE

Lua Vazia: 01/05 20:52h até 02/05 03:08h

Maio

Abra o coração e agradeça: Iyewá é quem trará equilíbrio para as suas escolhas!

Iká

- 07h
- 08h
- 09h
- 10h
- 11h
- 12h
- 13h
- 14h
- 15h
- 16h
- 17h
- 18h
- 19h
- 20h
- 21h

ANOTAÇÕES:

Odu Obeogundá NO ASPECTO *positivo*
<u>ORIXÁ REGENTE:</u> *Obá*
☾ LUA CRESCENTE

03
QUARTA

Maio

07h
08h
09h
10h
11h
12h
13h
14h
15h
16h
17h
18h
19h
20h
21h

Respire fundo e olhe para dentro de si: é lá que mora a força sagrada de Obá.

Obeogundá

ANOTAÇÕES:

04
QUINTA

Odu Aláfia NO ASPECTO *positivo*

<u>ORIXÁ REGENTE:</u> *Orunmilá*

☾ LUA CRESCENTE
Lua Vazia: 04/05 06:16h até 04/05 11:32h

Maio

Agradeça e siga em frente! Orunmilá abrirá os seus caminhos para a vitória!

Aláfia

	07h
	08h
	09h
	10h
	11h
	12h
	13h
	14h
	15h
	16h
	17h
	18h
	19h
	20h
	21h

ANOTAÇÕES:

Odu Ejiogbê NO ASPECTO *positivo*
<u>ORIXÁ REGENTE:</u> *Oxoguiã*
○ LUA CHEIA

Maio

05
SEXTA

07h
08h
09h
10h
11h
12h
13h
14h
15h
16h
17h
18h
19h
20h
21h

Por hoje e pelos dias que virão, que Oxoguiã lhe acolha em seus braços e abençoe seu dia!

Ejiogbê

ANOTAÇÕES:

06
SÁBADO

Odu Ossá NO ASPECTO *positivo*

<u>ORIXÁ REGENTE:</u> *Iansã*

○ LUA CHEIA
Lua Vazia: 06/05 11:37h até 06/05 17:03h

Maio

Por hoje e todo o sempre, que Iansã guie seus passos e abra os seus caminhos!

Ossá

———————————————— 07h
———————————————— 08h
———————————————— 09h
———————————————— 10h
———————————————— 11h
———————————————— 12h
———————————————— 13h
———————————————— 14h
———————————————— 15h
———————————————— 16h
———————————————— 17h
———————————————— 18h
———————————————— 19h
———————————————— 20h
———————————————— 21h

ANOTAÇÕES:

Maio

Odu Ofun NO ASPECTO *positivo*
ORIXÁ REGENTE: *Oxalufã*
O LUA CHEIA

07
DOMINGO

07h _____
08h _____
09h _____
10h _____
11h _____
12h _____
13h _____
14h _____
15h _____
16h _____
17h _____
18h _____
19h _____
20h _____
21h _____

Acalme seu coração e receba as bênçãos de Oxalufã... Um novo dia vai raiar!

Ofun

ANOTAÇÕES:

08
SEGUNDA

Odu Ejiokô NO ASPECTO *positivo*
<u>ORIXÁ REGENTE:</u> *Ogum*

○ LUA CHEIA
Lua Vazia: 08/05 17:27h até 08/05 20:32h

Maio

Ogum já determinou e hoje é o seu dia de vencer! Confie: a felicidade chegando!

Ejiokô

	07h
	08h
	09h
	10h
	11h
	12h
	13h
	14h
	15h
	16h
	17h
	18h
	19h
	20h
	21h

ANOTAÇÕES:

Maio

Odu Ogundá NO ASPECTO *positivo*
ORIXÁ REGENTE: *Ogum Alabedé*
○ LUA CHEIA

09
TERÇA

07h _____
08h _____
09h _____
10h _____
11h _____
12h _____
13h _____
14h _____
15h _____
16h _____
17h _____
18h _____
19h _____
20h _____
21h _____

Agradeça a cada segundo e observe o poder de Ogum transformar sua vida!

Ogundá

ANOTAÇÕES:

10
QUARTA

Odu Ojiologbon NO ASPECTO *positivo*

<u>ORIXÁ REGENTE:</u> *Nanã*

○ LUA CHEIA
Lua Vazia: 10/05 20:52h até 10/05 23:05h

Maio

É nos pequenos sinais do universo que as bênçãos de Nanã se manifestam, permita-se enxergá-los!

Ojiologbon

- 07h
- 08h
- 09h
- 10h
- 11h
- 12h
- 13h
- 14h
- 15h
- 16h
- 17h
- 18h
- 19h
- 20h
- 21h

ANOTAÇÕES:

Odu Iká NO ASPECTO *positivo*

<u>ORIXÁ REGENTE:</u> *Iyewá*

○ LUA CHEIA

Maio

11
QUINTA

07h
08h
09h
10h
11h
12h
13h
14h
15h
16h
17h
18h
19h
20h
21h

Nenhuma dor dura pra sempre! Que Iyewá lhe acolha e conforte o seu coração!

Iká

ANOTAÇÕES:

12
SEXTA

Odu Obeogundá NO ASPECTO *negativo*

<u>ORIXÁ REGENTE:</u> *Obá*

☾ LUA MINGUANTE

Maio

Obeogundá
Fé, força de vontade e paz no coração: esta é a promessa de Obá para o seu dia!

- 07h
- 08h
- 09h
- 10h
- 11h
- 12h
- 13h
- 14h
- 15h
- 16h
- 17h
- 18h
- 19h
- 20h
- 21h

ANOTAÇÕES:

Maio

Odu Aláfia NO ASPECTO *negativo*

<u>Orixá Regente:</u> *Orunmilá*

☽ LUA MINGUANTE

Lua Vazia: 13/05 00:15h até 13/05 01:38h

13
SÁBADO

Abolição da escravatura / Dia de Pretos Velhos

07h _____

08h _____

09h _____

10h _____

11h _____

12h _____

13h _____

14h _____

15h _____

16h _____

17h _____

18h _____

19h _____

20h _____

21h _____

Vida longa, saúde e felicidade; que as bênçãos de Orunmilá lhe cubram por todo o dia!

Aláfia

ANOTAÇÕES:

14
DOMINGO

Odu Ejionilé NO ASPECTO *negativo*

<u>ORIXÁ REGENTE:</u> *Oxoguiã*

☾ LUA MINGUANTE
Lua Vazia: 14/05 23:56h até 15/05 04:55h

Maio

Dia das Mães

Depois de toda tempestade, vem a bonança. Até lá, que Oxoguiã lhe acolha e lhe abençoe!

Ejionilé

_____ 07h
_____ 08h
_____ 09h
_____ 10h
_____ 11h
_____ 12h
_____ 13h
_____ 14h
_____ 15h
_____ 16h
_____ 17h
_____ 18h
_____ 19h
_____ 20h
_____ 21h

ANOTAÇÕES:

Maio

Odu Ossá NO ASPECTO *negativo*

<u>ORIXÁ REGENTE:</u> *Iansã*

☽ LUA MINGUANTE
Lua Vazia: 14/05 23:56h até 15/05 04:55h

15
SEGUNDA

Dia Internacional da Família

- 07h _____
- 08h _____
- 09h _____
- 10h _____
- 11h _____
- 12h _____
- 13h _____
- 14h _____
- 15h _____
- 16h _____
- 17h _____
- 18h _____
- 19h _____
- 20h _____
- 21h _____

Apesar das intempéries, que Iansã multiplique suas boas ações!

Ossá

ANOTAÇÕES:

16
TERÇA

Odu Ofun NO ASPECTO *negativo*
ORIXÁ REGENTE: *Oxalufã*
☾ LUA MINGUANTE

Maio

Meu maior desejo? Que Oxalufã lhe faça capaz de agir e mudar o seu destino!

_____ 07h
_____ 08h
_____ 09h
_____ 10h
_____ 11h
_____ 12h
_____ 13h
_____ 14h
_____ 15h
_____ 16h
_____ 17h
_____ 18h
_____ 19h
_____ 20h
_____ 21h

Ofun

ANOTAÇÕES:

Maio

Odu Ejiokô NO ASPECTO *negativo*

<u>ORIXÁ REGENTE:</u> *Omolu*

☽ LUA MINGUANTE
Lua Vazia: 17/05 06:09h até 17/05 09:27h

17
QUARTA

07h
08h
09h
10h
11h
12h
13h
14h
15h
16h
17h
18h
19h
20h
21h

Que neste dia que se anuncia, Omolu abençoe e proteja você e quem você ama!

Ejiokô

ANOTAÇÕES:

18
QUINTA

Odu Ogundá NO ASPECTO *negativo*
ORIXÁ REGENTE: *Ogum Alabedé*
☾ LUA MINGUANTE

Maio

Acredite: Ogum lhe dará a sabedoria necessária para evoluir e vencer!

Ogundá

_____	07h
_____	08h
_____	09h
_____	10h
_____	11h
_____	12h
_____	13h
_____	14h
_____	15h
_____	16h
_____	17h
_____	18h
_____	19h
_____	20h
_____	21h

ANOTAÇÕES:

Maio

Odu Irossun NO ASPECTO *positivo*

<u>ORIXÁ REGENTE:</u> *Iemanjá*

● LUA NOVA

Lua Vazia: 19/05 14:50h até 19/05 15:47h

19
SEXTA

07h _____
08h _____
09h _____
10h _____
11h _____
12h _____
13h _____
14h _____
15h _____
16h _____
17h _____
18h _____
19h _____
20h _____
21h _____

Felicidade e prosperidade: essas são as promessas de Iemanjá para o seu dia!

Irossun

ANOTAÇÕES:

20
SÁBADO

Odu Iká NO ASPECTO *positivo*
<u>ORIXÁ REGENTE:</u> *Oxumarê*
● LUA NOVA

Maio

Por hoje e sempre, que Oxumarê lhe dê bons amigos em quem confiar!

_____	07h
_____	08h
_____	09h
_____	10h
_____	11h
_____	12h
_____	13h
_____	14h
_____	15h
_____	16h
_____	17h
_____	18h
_____	19h
_____	20h
_____	21h

ANOTAÇÕES:

Maio

Odu Obeegundá NO ASPECTO *negativo*
<u>ORIXÁ REGENTE:</u> *Obá*
● LUA NOVA
Lua Vazia: 21/05 19:11h até 22/05 00:28h

21
DOMINGO

07h _____
08h _____
09h _____
10h _____
11h _____
12h _____
13h _____
14h _____
15h _____
16h _____
17h _____
18h _____
19h _____
20h _____
21h _____

Acredite na força que há dentro de você! Obá está no comando do seu destino!

Obeegundá

ANOTAÇÕES:

22
SEGUNDA

Odu Aláfia NO ASPECTO *positivo*

<u>ORIXÁ REGENTE:</u> *Orunmilá*

● LUA NOVA
Lua Vazia: 21/05 19:11h até 22/05 00:28h

Maio

Confiar na voz do seu coração é ouvir os conselhos de Orunmilá para o seu dia!

Aláfia

_____	07h
_____	08h
_____	09h
_____	10h
_____	11h
_____	12h
_____	13h
_____	14h
_____	15h
_____	16h
_____	17h
_____	18h
_____	19h
_____	20h
_____	21h

ANOTAÇÕES:

Odu Ejiogbê NO ASPECTO *positivo*
ORIXÁ REGENTE: *Xangô Airá*
● LUA NOVA

Maio

23
TERÇA

07h
08h
09h
10h
11h
12h
13h
14h
15h
16h
17h
18h
19h
20h
21h

Receba as bênçãos de Xangô Airá e permita-se ser feliz por existir: você merece!

Ejiogbê

ANOTAÇÕES:

24
QUARTA

Odu Ossá NO ASPECTO *negativo*

<u>ORIXÁ REGENTE:</u> *Iansã*

● LUA NOVA
Lua Vazia: 24/05 06:11h até 24/05 11:34h

Maio

Dia da Santa Sarah Kali

Já ouviu seu bater coração hoje? É Iansã dizendo que chegou a hora de vencer!

Ossá

	07h
	08h
	09h
	10h
	11h
	12h
	13h
	14h
	15h
	16h
	17h
	18h
	19h
	20h
	21h

ANOTAÇÕES:

Odu Ofun NO ASPECTO *positivo*

<u>ORIXÁ REGENTE:</u> *Oxalufã*

● LUA NOVA

25
QUINTA

Dia da África / Dia Internacional da Adoção

Maio

07h _____
08h _____
09h _____
10h _____
11h _____
12h _____
13h _____
14h _____
15h _____
16h _____
17h _____
18h _____
19h _____
20h _____
21h _____

Respire fundo e confie: Oxalufã tem uma grande vitória guardada para você!

Ofun

ANOTAÇÕES:

26
SEXTA

Odu Ejiokô NO ASPECTO *negativo*
<u>ORIXÁ REGENTE:</u> *Exu Eleguá*

● LUA NOVA
Lua Vazia: 26/05 03:38h até 27/05 00:05h

Maio

Você é capaz de superar todos os desafios! Confie em Exu Eleguá e transforme o seu dia!

Ejiokô

_____	07h
_____	08h
_____	09h
_____	10h
_____	11h
_____	12h
_____	13h
_____	14h
_____	15h
_____	16h
_____	17h
_____	18h
_____	19h
_____	20h
_____	21h

ANOTAÇÕES:

Maio

Odu Ogundá NO ASPECTO *negativo*
ORIXÁ REGENTE: *Ogum Alabedé*
☾ LUA CRESCENTE
Lua Vazia: 26/05 03:38h até 27/05 00:05h

27
SÁBADO

07h _____
08h _____
09h _____
10h _____
11h _____
12h _____
13h _____
14h _____
15h _____
16h _____
17h _____
18h _____
19h _____
20h _____
21h _____

Se os olhos são o espelho da alma, que Ogum faça os seus brilharem de alegria!

Ogundá

ANOTAÇÕES:

28
DOMINGO

Odu Irossun NO ASPECTO *positivo*
<u>ORIXÁ REGENTE:</u> *Iemanjá*
☾ LUA CRESCENTE

Maio

Fé acima de tudo e apesar de tudo! Tenha certeza: Iemanjá é por você!

Irossun

_____	07h
_____	08h
_____	09h
_____	10h
_____	11h
_____	12h
_____	13h
_____	14h
_____	15h
_____	16h
_____	17h
_____	18h
_____	19h
_____	20h
_____	21h

ANOTAÇÕES:

Maio

Odu Oxê NO ASPECTO *positivo*

ORIXÁ REGENTE: *Oxum*

☾ LUA CRESCENTE
Lua Vazia: 29/05 06:45h até 29/05 11:50h

29
SEGUNDA

07h _____
08h _____
09h _____
10h _____
11h _____
12h _____
13h _____
14h _____
15h _____
16h _____
17h _____
18h _____
19h _____
20h _____
21h _____

Que Oxum lhe permita seguir em frente, pois a felicidade está chegando!

Oxê

ANOTAÇÕES:

30

TERÇA

Odu Obeogundá NO ASPECTO *positivo*

ORIXÁ REGENTE: *Obá*

☾ LUA CRESCENTE

Maio

Dia de Santa Joana d'Arc / Dia de Obá

07h

08h

09h

10h

11h

12h

13h

14h

15h

16h

17h

18h

19h

20h

21h

Agradeça, perdoe e não deseje o mal... É Obá quem lhe protege das más influências!

Obeogundá

ANOTAÇÕES:

Odu Aláfia NO ASPECTO *negativo*

<u>ORIXÁ REGENTE:</u> *Orunmilá*

☾ LUA CRESCENTE
Lua Vazia: 31/05 11:53h até 31/05 20:45h

31
QUARTA

07h _____
08h _____
09h _____
10h _____
11h _____
12h _____
13h _____
14h _____
15h _____
16h _____
17h _____
18h _____
19h _____
20h _____
21h _____

Maio

Quando tudo parecer perdido, que Orunmilá seja a luz da esperança a lhe guiar!

Aláfia

ANOTAÇÕES:

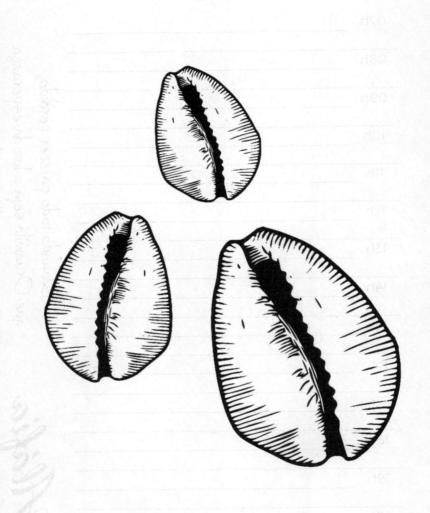

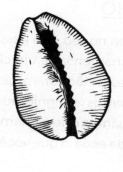
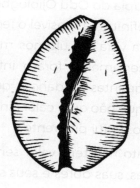

JUNHO

Odu do mês: Ojiologbon

Na vida, morre-se lentamente a cada dia

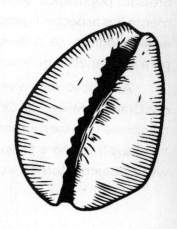

PREVISÕES PARA JUNHO

A regência dupla do Odu Ojiologbon no seu Ano Pessoal marca de forma definitiva e sensível o fechamento de um ciclo importante em sua vida. Os últimos meses não foram fáceis nem leves, mas certamente foram intensos e significativos: quantos desafios, quantas mudanças, quantos questionamentos... E a pergunta que não quer calar ainda ecoa: o que você vai fazer com tudo isso daqui pra frente?

Conhecimento não tem valor sem aplicação prática; as experiências vividas, suas dores e seus sabores, tornam-se meras lembranças quando não trazemos para o presente as lições do passado. Por isso, é de extrema importância, mais uma vez, fazer um mergulho em sua alma para buscar dentro de si as respostas e o acalanto necessário para seguir adiante, com fé apesar de tudo e acima de tudo!

Vindo de um período tão intenso quanto o dos meses anteriores, novamente é necessário buscar manter a paz e a harmonia interior para que o Universo reflita esse equilíbrio. Além das recomendações já recebidas nos meses anteriores, faça meditações e relaxamentos, procure ter momentos de lazer que lhe acalmem os ânimos como passeios e atividades ao ar livre e evite todo e qualquer tipo de situação que lhe ponha sob pressão psicológica. Atenção redobrada à saúde, especialmente aos aspectos ligados à cabeça e às questões emocionais e neurológicas. Se possível, busque um terreiro de confiança para realizar ebós de reequilíbrio e harmonização de sua Ori.

A intuição volta a se fortalecer nesse mês, pela influência das Grandes Mães e da Orixá Nanã, Senhora da Sabedoria. Que tal aproveitar esse momento e potencializar seus dons com os **Incensos Intuição e Elevação Espiritual** da Casa Arole? Acesse **www.casaarole.com.br** e descubra a coleção completa!

Junho

Odu Iká NO ASPECTO *positivo*

<u>ORIXÁ REGENTE:</u> *Oxumarê*

☾ LUA CRESCENTE

01
QUINTA

07h _____
08h _____
09h _____
10h _____
11h _____
12h _____
13h _____
14h _____
15h _____
16h _____
17h _____
18h _____
19h _____
20h _____
21h _____

Abra os olhos e permita-se enxergar as belezas que Oxumarê preparou para você!

Iká

ANOTAÇÕES:

02
SEXTA

Odu Obeogundá NO ASPECTO *positivo*
ORIXÁ REGENTE: *Obá*

☾ LUA CRESCENTE
Lua Vazia: 02/06 21:50h até 03/06 02:03h

Junho

Fé acima de tudo e apesar de tudo! Tenha certeza: Obá é por você!

Obeogundá

_____ 07h
_____ 08h
_____ 09h
_____ 10h
_____ 11h
_____ 12h
_____ 13h
_____ 14h
_____ 15h
_____ 16h
_____ 17h
_____ 18h
_____ 19h
_____ 20h
_____ 21h

ANOTAÇÕES:

Junho

Odu Aláfia NO ASPECTO *positivo*

<u>Orixá Regente:</u> *Orunmilá*

☾ LUA CRESCENTE
Lua Vazia: 02/06 21:50h até 03/06 02:03h

03
SÁBADO

07h _____
08h _____
09h _____
10h _____
11h _____
12h _____
13h _____
14h _____
15h _____
16h _____
17h _____
18h _____
19h _____
20h _____
21h _____

Abra o coração e agradeça: Orunmilá é quem trará equilíbrio para as suas escolhas!

Aláfia

ANOTAÇÕES:

04
DOMINGO

Odu Ejiogbê NO ASPECTO *positivo*
<u>ORIXÁ REGENTE:</u> *Xangô Airá*
○ LUA CHEIA

Junho

No dia de hoje, que Xangô Airá lhe dê a sabedoria das boas escolhas!

Ejiogbê

	07h
	08h
	09h
	10h
	11h
	12h
	13h
	14h
	15h
	16h
	17h
	18h
	19h
	20h
	21h

ANOTAÇÕES:

Junho

Odu Ossá NO ASPECTO *positivo*

<u>ORIXÁ REGENTE:</u> *Obá*

O LUA CHEIA
Lua Vazia: 05/06 00:23h até 05/06 04:30h

05
SEGUNDA

Dia Mundial do Meio Ambiente e da Ecologia

07h _____
08h _____
09h _____
10h _____
11h _____
12h _____
13h _____
14h _____
15h _____
16h _____
17h _____
18h _____
19h _____
20h _____
21h _____

Agradeça, perdoe e não deseje o mal... É Obá quem lhe protege das más influências!

Ossá

ANOTAÇÕES:

06
TERÇA

Odu Ofun NO ASPECTO *positivo*
ORIXÁ REGENTE: *Oxalufã*
○ LUA CHEIA

Junho

Dia de Celebração ao Odu Obará

Confiar na voz do seu coração é ouvir os conselhos de Oxalufã para o seu dia!

Ofun

- 07h
- 08h
- 09h
- 10h
- 11h
- 12h
- 13h
- 14h
- 15h
- 16h
- 17h
- 18h
- 19h
- 20h
- 21h

ANOTAÇÕES:

Odu Ejiokô NO ASPECTO *positivo*
<u>ORIXÁ REGENTE:</u> *Ibeji*
O LUA CHEIA
Lua Vazia: 07/06 01:39h até 07/06 05:41h

Junho

07
QUARTA

07h
08h
09h
10h
11h
12h
13h
14h
15h
16h
17h
18h
19h
20h
21h

Por hoje e pelos dias que virão, que Ibeji lhe acolha em seus braços e abençoe seu dia!

Ejiokô

ANOTAÇÕES:

08
QUINTA

Odu Ogundá NO ASPECTO *positivo*
ORIXÁ REGENTE: *Ogum Alabedé*
○ LUA CHEIA

Corpus Christi / Dia de Oxóssi

Junho

Depois de toda tempestade, vem a bonança. Até lá, que Ogum lhe acolha e lhe abençoe!

Ogundá

- 07h
- 08h
- 09h
- 10h
- 11h
- 12h
- 13h
- 14h
- 15h
- 16h
- 17h
- 18h
- 19h
- 20h
- 21h

ANOTAÇÕES:

Junho

Odu Irossun NO ASPECTO *positivo*
ORIXÁ REGENTE: *Iemanjá*
○ LUA CHEIA
Lua Vazia: 09/06 01:23h até 09/06 07:14h

09
SEXTA

07h _____
08h _____
09h _____
10h _____
11h _____
12h _____
13h _____
14h _____
15h _____
16h _____
17h _____
18h _____
19h _____
20h _____
21h _____

Que tal começar o dia sorrindo? Deixe a força de Iemanjá lhe inspirar e guiar o seu destino!

Irossun

ANOTAÇÕES:

10
SÁBADO

Odu Iká NO ASPECTO *negativo*
<u>ORIXÁ REGENTE:</u> *Iyewá*
☽ LUA MINGUANTE

Junho

Respire fundo e olhe para dentro de si: é lá que mora a força sagrada de Iyewá!

Iká

	07h
	08h
	09h
	10h
	11h
	12h
	13h
	14h
	15h
	16h
	17h
	18h
	19h
	20h
	21h

ANOTAÇÕES:

Odu Obeegundá NO ASPECTO *negativo*

<u>ORIXÁ REGENTE:</u> *Obá*

☾ LUA MINGUANTE

11
DOMINGO

07h _____
08h _____
09h _____
10h _____
11h _____
12h _____
13h _____
14h _____
15h _____
16h _____
17h _____
18h _____
19h _____
20h _____
21h _____

Junho

Acalme-se e siga em frente! Obá lhe trará a força e a coragem para vencer!

Obeegundá

ANOTAÇÕES:

12

SEGUNDA

Odu Aláfia NO ASPECTO *negativo*
<u>ORIXÁ REGENTE:</u> *Orunmilá*
☽ LUA MINGUANTE

Junho

Dia dos Namorados

Um novo sol raiou... Que Orunmilá abençoe e proteja o seu dia!

Aláfia

- 07h
- 08h
- 09h
- 10h
- 11h
- 12h
- 13h
- 14h
- 15h
- 16h
- 17h
- 18h
- 19h
- 20h
- 21h

ANOTAÇÕES:

Junho

Odu Ejionilé NO ASPECTO *negativo*

ORIXÁ REGENTE: *Oxoguiã*

☾ LUA MINGUANTE

Lua Vazia: 13/06 15:26h até 13/06 15:31h

13
TERÇA

Dia de Santo Antônio / Dia do Orixá Exu

07h _____

08h _____

09h _____

10h _____

11h _____

12h _____

13h _____

14h _____

15h _____

16h _____

17h _____

18h _____

19h _____

20h _____

21h _____

Avante! Oxoguiã vai lhe guiar no caminho da verdade e da felicidade!

Ejionilé

ANOTAÇÕES:

14
QUARTA

Odu Ossá NO ASPECTO *negativo*
ORIXÁ REGENTE: *Obá*
☾ LUA MINGUANTE

Junho

Bons caminhos, boas conquistas e boas companhias: é Obá quem lhe protege!

_____ 07h
_____ 08h
_____ 09h
_____ 10h
_____ 11h
_____ 12h
_____ 13h
_____ 14h
_____ 15h
_____ 16h
_____ 17h
_____ 18h
_____ 19h
_____ 20h
_____ 21h

Ossá

ANOTAÇÕES:

Junho

Odu Ofun NO ASPECTO *negativo*

<u>ORIXÁ REGENTE:</u> *Oxalufã*

☽ LUA MINGUANTE
Lua Vazia: 15/06 22:36h até 15/06 22:45h

15
QUINTA

07h _____

08h _____

09h _____

10h _____

11h _____

12h _____

13h _____

14h _____

15h _____

16h _____

17h _____

18h _____

19h _____

20h _____

21h _____

De agora em diante e por todo o sempre, que Oxalufã lhe dê força e coragem para vencer!

Ofun

ANOTAÇÕES:

16

SEXTA

Odu Ejiokô NO ASPECTO *negativo*

ORIXÁ REGENTE: *Omolu*

☽ LUA MINGUANTE

Junho

Dia da Criança Africana

Respire fundo e confie: Omolu tem uma grande vitória guardada para você!

Ejiokô

	07h
	08h
	09h
	10h
	11h
	12h
	13h
	14h
	15h
	16h
	17h
	18h
	19h
	20h
	21h

ANOTAÇÕES:

Odu Ogundá NO ASPECTO *negativo*
<u>ORIXÁ REGENTE:</u> *Ogum Alabedé*
☽ LUA MINGUANTE

Junho

17
SÁBADO

07h _____
08h _____
09h _____
10h _____
11h _____
12h _____
13h _____
14h _____
15h _____
16h _____
17h _____
18h _____
19h _____
20h _____
21h _____

Não há caminhos fechados para quem tem fé e gratidão! Confie em Ogum!

Ogundá

ANOTAÇÕES:

18
DOMINGO

Odu Irossun NO ASPECTO *positivo*

<u>ORIXÁ REGENTE:</u> *Iemanjá*

● LUA NOVA

Lua Vazia: 18/06 03:23h até 18/06 07:57h

Junho

Felicidade e prosperidade: essas são as promessas de Iemanjá para o seu dia!

Irossun

Horário
07h
08h
09h
10h
11h
12h
13h
14h
15h
16h
17h
18h
19h
20h
21h

ANOTAÇÕES:

Odu Oxê NO ASPECTO *positivo*

<u>ORIXÁ REGENTE:</u> *Oxum*

● LUA NOVA

19
SEGUNDA

Junho

07h	
08h	
09h	
10h	
11h	
12h	
13h	
14h	
15h	
16h	
17h	
18h	
19h	
20h	
21h	

Um novo tempo começou! Confie e receba as bênçãos que Oxum preparou para você!

Oxê

ANOTAÇÕES:

20
TERÇA

Odu Obeogundá NO ASPECTO *negativo*

<u>ORIXÁ REGENTE:</u> *Obá*

● LUA NOVA
Lua Vazia: 20/06 18:43h até 20/06 19:04h

Junho

Apesar das intempéries, que Obá multiplique suas boas ações!

Obeogundá

_____	07h
_____	08h
_____	09h
_____	10h
_____	11h
_____	12h
_____	13h
_____	14h
_____	15h
_____	16h
_____	17h
_____	18h
_____	19h
_____	20h
_____	21h

ANOTAÇÕES:

Odu Aláfia NO ASPECTO *positivo*

<u>ORIXÁ REGENTE:</u> *Orunmilá*

● LUA NOVA

Junho

21
QUARTA
Início do Inverno

07h _____

08h _____

09h _____

10h _____

11h _____

12h _____

13h _____

14h _____

15h _____

16h _____

17h _____

18h _____

19h _____

20h _____

21h _____

No dia de hoje, que Orunmilá lhe inspire com a certeza de novos caminhos em sua vida!

Aláfia

ANOTAÇÕES:

22
QUINTA

Odu Ejionilé NO ASPECTO *negativo*
ORIXÁ REGENTE: *Oxoguiã*

● LUA NOVA
Lua Vazia: 22/06 14:00h até 23/06 07:55h

Junho

Pelo dia de hoje, que Exu lhe provoque... E que Oxalá lhe abençoe!

Ejionilé

_____ 07h
_____ 08h
_____ 09h
_____ 10h
_____ 11h
_____ 12h
_____ 13h
_____ 14h
_____ 15h
_____ 16h
_____ 17h
_____ 18h
_____ 19h
_____ 20h
_____ 21h

ANOTAÇÕES:

Junho

Odu Ossá NO ASPECTO *negativo*

<u>ORIXÁ REGENTE:</u> *Iemanjá*

● LUA NOVA

Lua Vazia: 22/06 14:00h até 23/06 07:55h

23
SEXTA

- 07h _____
- 08h _____
- 09h _____
- 10h _____
- 11h _____
- 12h _____
- 13h _____
- 14h _____
- 15h _____
- 16h _____
- 17h _____
- 18h _____
- 19h _____
- 20h _____
- 21h _____

Por hoje e sempre, que Iemanjá lhe dê bons amigos em quem confiar!

Ossá

ANOTAÇÕES:

24
SÁBADO

Odu Ofun NO ASPECTO *positivo*

ORIXÁ REGENTE: *Oxalufã*

● LUA NOVA

Junho

Dia de São João / Dia de Xangô

Agradeça a cada segundo e observe o poder de Oxalufã transformar sua vida!

_____ 07h
_____ 08h
_____ 09h
_____ 10h
_____ 11h
_____ 12h
_____ 13h
_____ 14h
_____ 15h
_____ 16h
_____ 17h
_____ 18h
_____ 19h
_____ 20h
_____ 21h

Ofun

ANOTAÇÕES:

Junho

Odu Ejiokô NO ASPECTO *positivo*

<u>ORIXÁ REGENTE:</u> *Ibeji*

● LUA NOVA

Lua Vazia: 25/06 19:24h até 25/06 19:57h

25
DOMINGO

07h _____
08h _____
09h _____
10h _____
11h _____
12h _____
13h _____
14h _____
15h _____
16h _____
17h _____
18h _____
19h _____
20h _____
21h _____

Acalme seu coração e receba as bênçãos de Ibeji... Um novo dia vai raiar!

Ejiokô

ANOTAÇÕES:

26
SEGUNDA

Odu Ogundá no aspecto *positivo*
<u>Orixá Regente:</u> *Ogum Alabedé*
☾ LUA CRESCENTE

Junho

No dia de hoje, que Ogum cubra seu lar e sua família com a felicidade!

Ogundá

- 07h
- 08h
- 09h
- 10h
- 11h
- 12h
- 13h
- 14h
- 15h
- 16h
- 17h
- 18h
- 19h
- 20h
- 21h

ANOTAÇÕES:

Odu Irossun NO ASPECTO *positivo*
<u>ORIXÁ REGENTE:</u> *Iemanjá*
☾ LUA CRESCENTE

27
TERÇA

07h _____
08h _____
09h _____
10h _____
11h _____
12h _____
13h _____
14h _____
15h _____
16h _____
17h _____
18h _____
19h _____
20h _____
21h _____

ANOTAÇÕES:

Junho

Persista! É Iemanjá quem está trilhando os seus passos para o sucesso!

Irossun

28
QUARTA

Odu Oxê NO ASPECTO *positivo*

<u>Orixá Regente:</u> *Oxum*

☾ LUA CRESCENTE
Lua Vazia: 28/06 05:18h até 28/06 05:55h

Junho

> Não há caminhos fechados para quem confia em Oxum com fé e coragem!

Oxé

_____	07h
_____	08h
_____	09h
_____	10h
_____	11h
_____	12h
_____	13h
_____	14h
_____	15h
_____	16h
_____	17h
_____	18h
_____	19h
_____	20h
_____	21h

ANOTAÇÕES:

Odu Obará NO ASPECTO *positivo*

ORIXÁ REGENTE: *Oxóssi*

☾ LUA CRESCENTE

29
QUINTA

Junho

Dia de São Pedro / Dia de Xangô

- 07h _____
- 08h _____
- 09h _____
- 10h _____
- 11h _____
- 12h _____
- 13h _____
- 14h _____
- 15h _____
- 16h _____
- 17h _____
- 18h _____
- 19h _____
- 20h _____
- 21h _____

Acredite: Oxóssi lhe dará a sabedoria necessária para evoluir e vencer!

Obará

ANOTAÇÕES:

30
SEXTA

Odu Aláfia NO ASPECTO *positivo*

<u>ORIXÁ REGENTE:</u> *Orunmilá*

☾ LUA CRESCENTE
Lua Vazia: 30/06 11:20h até 30/06 11:59h

Junho

> Nas encruzilhadas da vida, que Exu guie os seus passos e abençoe o seu caminho!

Aláfia

- 07h
- 08h
- 09h
- 10h
- 11h
- 12h
- 13h
- 14h
- 15h
- 16h
- 17h
- 18h
- 19h
- 20h
- 21h

ANOTAÇÕES:

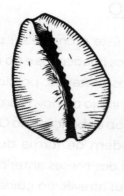
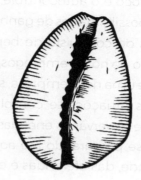

JULHO

ODU DO MÊS: IKÁ

Nem início, nem fim: viver é um eterno recomeço

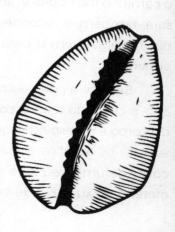

Previsões para Julho

Mantendo o foco e o autocontrole, este promete ser um mês positivo, com possibilidades de ganhos financeiros e do início de novos ciclos de conquista de bens materiais, possibilidade de surgimento de novos empregos, início de novos projetos ou da criação de uma nova empresa, sob as bênçãos do Odu Iká. Para que essas situações se consolidem de forma duradoura, é importante observar as energias dos meses anteriores e como você veio se preparando até aqui através do cuidado com a espiritualidade, das oferendas e ebós necessários como se plantasse sementes que agora poderão germinar e florescer.

O Odu Iká é o Senhor do Eterno Recomeço, o caminho que nos ensina que absolutamente tudo na vida e no universo tem seu tempo de nascer, crescer, morrer e, então, renascer! Da mesma maneira, esse ensinamento também vale para os nossos objetivos de vida: nenhuma conquista verdadeira acontece do dia pra noite, nem dura para sempre: um passo de cada vez, sabendo de onde vem e principalmente aonde quer chegar, é o que te levará de encontro à felicidade!

A vida é doce e você merece desfrutá-la, porém isso não lhe exime de enfrentar os desafios do Destino. Ao contrário: a regência de Iká lhe exigirá encarar os medos e problemas que o caminho lhe impõe e, ao superá-los com sabedoria você passará, também, a reconhecer novas forças e capacidades que não enxergava em si, crescendo e evoluindo pessoal e espiritualmente.

Se você ainda não buscou a orientação dos Orixás neste ano, é chegada a hora: **consulte o Jogo de Búzios para cuidar do corpo e do espírito**, equilibrando as energias e preparando-se para os desafios do segundo semestre. Além disso, rituais como **defumar seu lar e o ambiente de trabalho**, assim como **oferendar Exu**, serão de extrema importância neste mês.

Julho

Odu Obeogundá NO ASPECTO *positivo*
<u>ORIXÁ REGENTE:</u> *Obá*
☾ LUA CRESCENTE

01
SÁBADO

07h _____
08h _____
09h _____
10h _____
11h _____
12h _____
13h _____
14h _____
15h _____
16h _____
17h _____
18h _____
19h _____
20h _____
21h _____

Felicidade e prosperidade: essas são as promessas de Obá para o seu dia!

Obeogundá

ANOTAÇÕES:

02
DOMINGO

Odu Aláfia NO ASPECTO *positivo*

<u>ORIXÁ REGENTE:</u> *Orunmilá*

☾ LUA CRESCENTE
Lua Vazia: 02/07 10:33h até 02/07 14:20h

Julho

Aceite suas bênçãos: Orunmilá lhe permite renovar-se a cada manhã!

Aláfia

_____ 07h
_____ 08h
_____ 09h
_____ 10h
_____ 11h
_____ 12h
_____ 13h
_____ 14h
_____ 15h
_____ 16h
_____ 17h
_____ 18h
_____ 19h
_____ 20h
_____ 21h

ANOTAÇÕES:

Odu Ejiogbê NO ASPECTO *positivo*
<u>ORIXÁ REGENTE:</u> *Xangô Airá*
○ LUA CHEIA

03
SEGUNDA

Julho

07h	
08h	
09h	
10h	
11h	
12h	
13h	
14h	
15h	
16h	
17h	
18h	
19h	
20h	
21h	

Respire fundo e olhe para dentro de si: é lá que mora a força sagrada de Xangô!

Ejiogbê

ANOTAÇÕES:

04
TERÇA

Odu Ossá NO ASPECTO *positivo*

ORIXÁ REGENTE: *Obá*

○ LUA CHEIA
Lua Vazia: 04/07 13:45h até 04/07 14:29h

Julho

Meu maior desejo? Que Obá lhe faça capaz de agir e mudar o seu destino!

Ossá

_____	07h
_____	08h
_____	09h
_____	10h
_____	11h
_____	12h
_____	13h
_____	14h
_____	15h
_____	16h
_____	17h
_____	18h
_____	19h
_____	20h
_____	21h

ANOTAÇÕES:

Julho

Odu Ofun NO ASPECTO *positivo*
<u>ORIXÁ REGENTE:</u> *Oxalufã*
○ LUA CHEIA

05
QUARTA

07h _____
08h _____
09h _____
10h _____
11h _____
12h _____
13h _____
14h _____
15h _____
16h _____
17h _____
18h _____
19h _____
20h _____
21h _____

Bons caminhos, boas conquistas e boas companhias: é Oxalufã quem lhe protege!

Ofun

ANOTAÇÕES:

06
QUINTA

Odu Ejiokô NO ASPECTO *positivo*
ORIXÁ REGENTE: *Ogum*

O LUA CHEIA
Lua Vazia: 06/07 10:41h até 06/07 14:32h

Julho

Avante! Ogum vai lhe guiar no caminho da verdade e da felicidade!

Ejiokô

- 07h
- 08h
- 09h
- 10h
- 11h
- 12h
- 13h
- 14h
- 15h
- 16h
- 17h
- 18h
- 19h
- 20h
- 21h

ANOTAÇÕES:

Julho

Odu Ogundá NO ASPECTO *positivo*

<u>ORIXÁ REGENTE:</u> *Ogum Alabedé*

○ LUA CHEIA

07
SEXTA

07h
08h
09h
10h
11h
12h
13h
14h
15h
16h
17h
18h
19h
20h
21h

As palavras de Ogum são certeiras; seus caminhos lhe guiarão para a vitória.

Ogundá

ANOTAÇÕES:

08
SÁBADO

Odu Irossun NO ASPECTO *positivo*

<u>ORIXÁ REGENTE:</u> *Iemanjá*

○ LUA CHEIA
Lua Vazia: 08/07 15:21h até 08/07 16:19h

Julho

Um novo sol raiou... Que Iemanjá abençoe e proteja o seu dia!

Irossun

_____ 07h
_____ 08h
_____ 09h
_____ 10h
_____ 11h
_____ 12h
_____ 13h
_____ 14h
_____ 15h
_____ 16h
_____ 17h
_____ 18h
_____ 19h
_____ 20h
_____ 21h

ANOTAÇÕES:

Julho

Odu Oxê NO ASPECTO *negativo*
ORIXÁ REGENTE: *Oxum*
☽ LUA MINGUANTE

09
DOMINGO

07h
08h
09h
10h
11h
12h
13h
14h
15h
16h
17h
18h
19h
20h
21h

No dia de hoje e a cada momento, que Oxum abençoe os seus caminhos!

Orê

ANOTAÇÕES:

10
SEGUNDA

Odu Obeogundá NO ASPECTO *negativo*

ORIXÁ REGENTE: *Obá*

☾ LUA MINGUANTE
Lua Vazia: 10/07 20:11h até 10/07 20:55h

Julho

Agradeça a cada segundo e observe o poder de Obá transformar sua vida!

Obeogundá

- 07h
- 08h
- 09h
- 10h
- 11h
- 12h
- 13h
- 14h
- 15h
- 16h
- 17h
- 18h
- 19h
- 20h
- 21h

ANOTAÇÕES:

Odu Aláfia NO ASPECTO *negativo*
ORIXÁ REGENTE: *Orunmilá*
☽ LUA MINGUANTE

11
TERÇA

07h _____
08h _____
09h _____
10h _____
11h _____
12h _____
13h _____
14h _____
15h _____
16h _____
17h _____
18h _____
19h _____
20h _____
21h _____

Julho

Agradeça, perdoe e não deseje o mal... É Orunmilá quem lhe protege das más influências!

Aláfia

ANOTAÇÕES:

12
QUARTA

Odu Ejionilé NO ASPECTO *negativo*
<u>ORIXÁ REGENTE:</u> *Xangô Airá*
☾ LUA MINGUANTE

Julho

Acredite na força que há dentro de você! Xangô Airá está no comando do seu destino!

Ejionilé

	07h
	08h
	09h
	10h
	11h
	12h
	13h
	14h
	15h
	16h
	17h
	18h
	19h
	20h
	21h

ANOTAÇÕES:

Julho

Odu Ossá NO ASPECTO *negativo*

<u>ORIXÁ REGENTE:</u> *Iansã*

☽ LUA MINGUANTE
Lua Vazia: 13/07 03:10h até 13/07 04:25h

13
QUINTA

07h _____
08h _____
09h _____
10h _____
11h _____
12h _____
13h _____
14h _____
15h _____
16h _____
17h _____
18h _____
19h _____
20h _____
21h _____

Abra o coração e agradeça: Iansã é quem trará equilíbrio para as suas escolhas!

Ossá

ANOTAÇÕES:

14
SEXTA

Odu Ofun NO ASPECTO *negativo*
<u>ORIXÁ REGENTE:</u> *Oxalufã*
☽ LUA MINGUANTE

Julho

_____	07h
_____	08h
_____	09h
_____	10h
_____	11h
_____	12h
_____	13h
_____	14h
_____	15h
_____	16h
_____	17h
_____	18h
_____	19h
_____	20h
_____	21h

É nos pequenos sinais do universo que as bênçãos de Oxalufã se manifestam, permita-se enxergá-los!

Ofun

ANOTAÇÕES:

Julho

Odu Ejiokô NO ASPECTO *negativo*

<u>ORIXÁ REGENTE:</u> *Omolu*

☾ LUA MINGUANTE
Lua Vazia: 15/07 09:35h até 15/07 14:13h

15
SÁBADO

07h
08h
09h
10h
11h
12h
13h
14h
15h
16h
17h
18h
19h
20h
21h

De agora em diante e por todo o sempre, que Omolu lhe dê força e coragem para vencer!

Ejiokô

ANOTAÇÕES:

16

DOMINGO

Odu Ogundá NO ASPECTO *negativo*

ORIXÁ REGENTE: *Ogum Alabedé*

☽ LUA MINGUANTE

Julho

Ouça sua intuição: ela é o poder de Ogum que vive dentro de você!

Ogundá

07h

08h

09h

10h

11h

12h

13h

14h

15h

16h

17h

18h

19h

20h

21h

ANOTAÇÕES:

Odu Irossun NO ASPECTO *positivo*

<u>ORIXÁ REGENTE:</u> *Iemanjá*

● LUA NOVA

17
SEGUNDA

07h	
08h	
09h	
10h	
11h	
12h	
13h	
14h	
15h	
16h	
17h	
18h	
19h	
20h	
21h	

Quando tudo parecer perdido, que Iemanjá seja a luz da esperança a lhe guiar!

Irossun

ANOTAÇÕES:

18
TERÇA

Odu Oxê NO ASPECTO *positivo*

<u>ORIXÁ REGENTE:</u> *Oxum*

● LUA NOVA

Lua Vazia: 18/07 00:05h até 18/07 01:39h

Julho

Por hoje e sempre, que Oxum lhe dê bons amigos em quem confiar!

Oxê

	07h
	08h
	09h
	10h
	11h
	12h
	13h
	14h
	15h
	16h
	17h
	18h
	19h
	20h
	21h

ANOTAÇÕES:

Julho

Odu Obará NO ASPECTO *positivo*
<u>ORIXÁ REGENTE:</u> *Oxóssi*
● LUA NOVA

19
QUARTA

07h
08h
09h
10h
11h
12h
13h
14h
15h
16h
17h
18h
19h
20h
21h

Não há caminhos fechados para quem tem fé e gratidão! Confie em Oxóssi!

Obará

ANOTAÇÕES:

20
QUINTA

Odu Aláfia NO ASPECTO *positivo*

<u>ORIXÁ REGENTE:</u> *Orunmilá*

● LUA NOVA
Lua Vazia: 20/07 11:08h até 20/07 14:12h

Julho

Você está no caminho certo! Deixe que Orunmilá guie seus passos e suas decisões!

Aláfia

_____	07h
_____	08h
_____	09h
_____	10h
_____	11h
_____	12h
_____	13h
_____	14h
_____	15h
_____	16h
_____	17h
_____	18h
_____	19h
_____	20h
_____	21h

ANOTAÇÕES:

Julho

Odu Ejiogbê NO ASPECTO *positivo*
<u>ORIXÁ REGENTE:</u> *Oxoguiã*
● LUA NOVA

21
SEXTA

07h _____
08h _____
09h _____
10h _____
11h _____
12h _____
13h _____
14h _____
15h _____
16h _____
17h _____
18h _____
19h _____
20h _____
21h _____

Respire fundo e confie: Oxoguiã tem uma grande vitória guardada para você!

Ejiogbê

ANOTAÇÕES:

22
SÁBADO

Odu Ossá NO ASPECTO *negativo*

<u>ORIXÁ REGENTE:</u> *Iansã*

● LUA NOVA

Julho

Nenhuma dor dura pra sempre! Que Iansã lhe acolha e conforte o seu coração!

Ossá

_____	07h
_____	08h
_____	09h
_____	10h
_____	11h
_____	12h
_____	13h
_____	14h
_____	15h
_____	16h
_____	17h
_____	18h
_____	19h
_____	20h
_____	21h

ANOTAÇÕES:

Julho

Odu Ofun NO ASPECTO *positivo*

<u>ORIXÁ REGENTE:</u> *Oxalufã*

● LUA NOVA

Lua Vazia: 23/07 01:05h até 23/07 02:54h

23
DOMINGO

07h _____

08h _____

09h _____

10h _____

11h _____

12h _____

13h _____

14h _____

15h _____

16h _____

17h _____

18h _____

19h _____

20h _____

21h _____

Se os olhos são o espelho da alma, que Oxalufã faça os seus brilharem de alegria!

Ofun

ANOTAÇÕES:

24
SEGUNDA

Odu Ejiokô NO ASPECTO *positivo*

<u>ORIXÁ REGENTE:</u> *Ibeji*

● LUA NOVA

Julho

Apesar das intempéries, que Ibeji multiplique suas boas ações!

Ejiokô

- 07h
- 08h
- 09h
- 10h
- 11h
- 12h
- 13h
- 14h
- 15h
- 16h
- 17h
- 18h
- 19h
- 20h
- 21h

ANOTAÇÕES:

Julho

Odu Ogundá NO ASPECTO *positivo*
ORIXÁ REGENTE: *Ogum Alabedé*
☾ LUA CRESCENTE
Lua Vazia: 25/07 12:05h até 25/07 13:55h

25
TERÇA

Dia de Teresa de Benguela / Dia da Mulher Negra Latino-Americana e Caribenha

07h
08h
09h
10h
11h
12h
13h
14h
15h
16h
17h
18h
19h
20h
21h

Pelo dia de hoje, que Exu lhe provoque... E que Oxalá lhe abençoe!

Ogundá

ANOTAÇÕES:

26

QUARTA

Odu Irossun NO ASPECTO *positivo*

ORIXÁ REGENTE: *Iemanjá*

☽ LUA CRESCENTE

Julho

Dia dos Avós / Dia de Nanã

Um pouco de fé e muita coragem: essa é a receita de Iemanjá para a sua vitória!

Irossun

07h

08h

09h

10h

11h

12h

13h

14h

15h

16h

17h

18h

19h

20h

21h

ANOTAÇÕES:

Odu Oxê NO ASPECTO *positivo*

<u>ORIXÁ REGENTE:</u> *Oxum*

☾ LUA CRESCENTE
Lua Vazia: 27/07 19:35h até 27/07 21:23h

27
QUINTA

Julho

07h
08h
09h
10h
11h
12h
13h
14h
15h
16h
17h
18h
19h
20h
21h

Nas encruzilhadas da vida, que Exu guie os seus passos e abençoe o seu caminho!

Oxê

ANOTAÇÕES:

28
SEXTA

Odu Obará NO ASPECTO *positivo*
ORIXÁ REGENTE: *Oxóssi*
☾ LUA CRESCENTE

Julho

Acalme-se e siga em frente! Oxóssi lhe trará a força e a coragem para vencer!

Obará

	07h
	08h
	09h
	10h
	11h
	12h
	13h
	14h
	15h
	16h
	17h
	18h
	19h
	20h
	21h

ANOTAÇÕES:

Julho

Odu Odi NO ASPECTO *positivo*

<u>ORIXÁ REGENTE:</u> *Ossain*

☾ LUA CRESCENTE
Lua Vazia: 29/07 20:51h até 30/07 00:44h

29
SÁBADO

- 07h
- 08h
- 09h
- 10h
- 11h
- 12h
- 13h
- 14h
- 15h
- 16h
- 17h
- 18h
- 19h
- 20h
- 21h

Por hoje e todo o sempre, que Ossain guie seus passos e abra os seus caminhos!

Odi

ANOTAÇÕES:

30
DOMINGO

Odu Ejiogbê NO ASPECTO *positivo*

<u>ORIXÁ REGENTE:</u> *Xangô Airá*

☾ LUA CRESCENTE
Lua Vazia: 29/07 20:51h até 30/07 00:44h

Julho

Dia do Amigo

Já ouviu seu bater coração hoje? É Xangô Airá dizendo que chegou a hora de vencer!

Ejiogbê

	07h
	08h
	09h
	10h
	11h
	12h
	13h
	14h
	15h
	16h
	17h
	18h
	19h
	20h
	21h

ANOTAÇÕES:

Odu Ossá NO ASPECTO *positivo*

ORIXÁ REGENTE: *Iansã*

☾ LUA CRESCENTE
Lua Vazia: 31/07 23:12h até 01/08 00:57h

31
SEGUNDA

Julho

07h	
08h	
09h	
10h	
11h	
12h	
13h	
14h	
15h	
16h	
17h	
18h	
19h	
20h	
21h	

Agradeça e siga em frente! Iansã abrirá os seus caminhos para a vitória!

Ossá

ANOTAÇÕES:

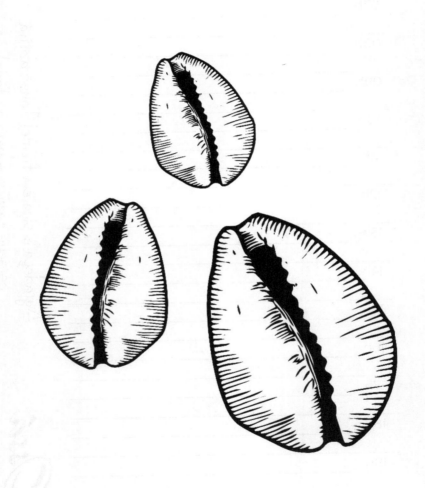

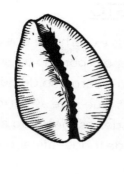
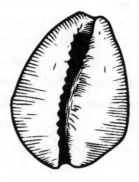

AGOSTO

Odu do mês: Obeogundá

A força que movimenta é a mesma que paralisa

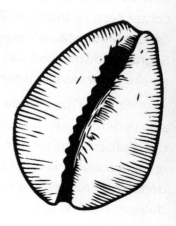

Previsões para Agosto

O Odu Obeogundá é o caminho dos extremos e dos excessos, da cólera incontrolável e do desespero por não ter suas vontades realizadas. Por sua vez, também é caminho de desatinos amorosos, de ímpetos incontroláveis, que rege as paixões que beiram o descontrole. Por isso, de todos os meses do ano, esse talvez seja o mais intenso e perigoso de todos – afinal, onde a emoção comanda, a razão perde a voz.

Buscar manter o equilíbrio emocional será de extrema importância nesse mês, já que a angústia e a tristeza baterão à porta. Importante observar, ainda, que o caminho da felicidade passa por valorizar os seus desejos e vontades, colocando a si como prioridade. Entretanto, sob os auspícios desse Odu, é importante também aprender que nem sempre é possível obter aquilo que queremos na hora que queremos e aprender a esperar é a chave do equilíbrio neste período.

Para isso, será necessário buscar manter a paz e a harmonia interior para que o Universo reflita esse equilíbrio. Busque ter momentos de lazer que lhe acalmem os ânimos, como passeios e atividades ao ar livre, e evite todo o tipo de situação que lhe ponha sob pressão. Para harmonizar as energias, **tome banhos de lavanda,** *ori pepe* **e folha-de-colônia** maceradas com as mãos uma vez por semana. Se quiser, você também pode contar com os **Incensos Proteção e Harmonia** ou ainda os **Incensos Meditação e Relaxamento,** parte da **Coleção As Folhas Sagradas,** disponíveis nas melhores lojas esotéricas do país ou no site **www.casaarole.com.br.**

O Odu Obeogundá ainda anuncia a chegada de um auxílio poderoso que lhe ajudará no cumprimento das obrigações necessárias. Entretanto, é preciso estar disposta a reconhecer e receber a ajuda oferecida, deixando o orgulho de lado e entendendo que ninguém é capaz de viver isolado e manter a sanidade ao mesmo tempo.

Odu Aláfia NO ASPECTO *positivo*
<u>ORIXÁ REGENTE:</u> *Orunmilá*

○ LUA CHEIA
Lua Vazia: 31/07 23:12h até 01/08 00:57h

01
TERÇA

Agosto

07h _____
08h _____
09h _____
10h _____
11h _____
12h _____
13h _____
14h _____
15h _____
16h _____
17h _____
18h _____
19h _____
20h _____
21h _____

ANOTAÇÕES:

Um pouco de fé e muita coragem: essa é a receita de Orunmilá para a sua vitória!

Aláfia

02
QUARTA

Odu Ejiogbê NO ASPECTO *positivo*
<u>ORIXÁ REGENTE:</u> *Xangô Airá*

○ LUA CHEIA
Lua Vazia: 02/08 18:15h até 03/08 00:05h

Agosto

Ouça sua intuição: ela é o poder de Xangô Airá que vive dentro de você!

Ejiogbê

- 07h
- 08h
- 09h
- 10h
- 11h
- 12h
- 13h
- 14h
- 15h
- 16h
- 17h
- 18h
- 19h
- 20h
- 21h

ANOTAÇÕES:

Odu Ossá NO ASPECTO *positivo*

<u>ORIXÁ REGENTE:</u> *Obá*

○ LUA CHEIA
Lua Vazia: 02/08 18:15h até 03/08 00:05h

03
QUINTA

Dia da Capoeira

- 07h
- 08h
- 09h
- 10h
- 11h
- 12h
- 13h
- 14h
- 15h
- 16h
- 17h
- 18h
- 19h
- 20h
- 21h

Sonia: apesar da noite escura, um novo sol raiou! Deixe Obá transformar o seu dia!

Ossá

ANOTAÇÕES:

04
SEXTA

Odu Ofun NO ASPECTO *positivo*
<u>ORIXÁ REGENTE:</u> *Oxalufã*
○ LUA CHEIA
Lua Vazia: 04/08 22:20h até 05/08 00:19h

Agosto

Dia do Sacerdote Religioso

Confiar na voz do seu coração é ouvir os conselhos de Oxalufã para o seu dia!

Ofun

	07h
	08h
	09h
	10h
	11h
	12h
	13h
	14h
	15h
	16h
	17h
	18h
	19h
	20h
	21h

ANOTAÇÕES:

Agosto

Odu Ejiokô NO ASPECTO *positivo*
ORIXÁ REGENTE: *Ogum*
O LUA CHEIA
Lua Vazia: 04/08 22:20h até 05/08 00:19h

05
SÁBADO

07h _____
08h _____
09h _____
10h _____
11h _____
12h _____
13h _____
14h _____
15h _____
16h _____
17h _____
18h _____
19h _____
20h _____
21h _____

Que nesse dia, Ogum cubra seu lar com confiança e felicidade!

Ejiokô

ANOTAÇÕES:

06
DOMINGO

Odu Ogundá NO ASPECTO *positivo*
ORIXÁ REGENTE: *Ogum Alabedé*
O LUA CHEIA

Agosto

Não há caminhos fechados para quem confia em Ogum com fé e coragem!

Ogundá

- 07h
- 08h
- 09h
- 10h
- 11h
- 12h
- 13h
- 14h
- 15h
- 16h
- 17h
- 18h
- 19h
- 20h
- 21h

ANOTAÇÕES:

Agosto

Odu Irossun NO ASPECTO *positivo*
<u>ORIXÁ REGENTE:</u> *Iemanjá*
○ LUA CHEIA
Lua Vazia: 07/08 01:12h até 07/08 03:24h

07
SEGUNDA

07h _____
08h _____
09h _____
10h _____
11h _____
12h _____
13h _____
14h _____
15h _____
16h _____
17h _____
18h _____
19h _____
20h _____
21h _____

Receba as bênçãos de Iemanjá e permita-se ser feliz por existir: você merece!

Irossun

ANOTAÇÕES:

08
TERÇA

Odu Oxê NO ASPECTO *negativo*

ORIXÁ REGENTE: *Oxum*

☾ LUA MINGUANTE

Agosto

Apesar das intempéries, que Oxum multiplique suas boas ações!

_____ 07h
_____ 08h
_____ 09h
_____ 10h
_____ 11h
_____ 12h
_____ 13h
_____ 14h
_____ 15h
_____ 16h
_____ 17h
_____ 18h
_____ 19h
_____ 20h
_____ 21h

Oxê

ANOTAÇÕES:

Agosto

Odu Obará NO ASPECTO *negativo*

<u>ORIXÁ REGENTE:</u> *Xangô*

☽ LUA MINGUANTE

Lua Vazia: 09/08 07:38h até 09/08 10:05h

09
QUARTA

07h
08h
09h
10h
11h
12h
13h
14h
15h
16h
17h
18h
19h
20h
21h

Acredite: Xangô lhe dará a sabedoria necessária para evoluir e vencer!

Obará

ANOTAÇÕES:

10
QUINTA

Odu Aláfia NO ASPECTO *negativo*
<u>ORIXÁ REGENTE:</u> *Orunmilá*
☽ LUA MINGUANTE

Agosto

Olhe para os céus e ouça a voz de Orunmilá dizendo: você é capaz de transformar a sua vida!

Aláfia

- 07h
- 08h
- 09h
- 10h
- 11h
- 12h
- 13h
- 14h
- 15h
- 16h
- 17h
- 18h
- 19h
- 20h
- 21h

ANOTAÇÕES:

Agosto

Odu Ejionilé NO ASPECTO *negativo*

<u>ORIXÁ REGENTE:</u> *Oxoguiã*

☽ LUA MINGUANTE

Lua Vazia: 11/08 14:27h até 11/08 19:52h

11
SEXTA

07h
08h
09h
10h
11h
12h
13h
14h
15h
16h
17h
18h
19h
20h
21h

Agradeça a cada segundo e observe o poder de Oxoguiã transformar sua vida!

Ejionilé

ANOTAÇÕES:

12
SÁBADO

Odu Ossá NO ASPECTO *negativo*

<u>ORIXÁ REGENTE:</u> *Obá*

☾ LUA MINGUANTE

Agosto

_____	07h
_____	08h
_____	09h
_____	10h
_____	11h
_____	12h
_____	13h
_____	14h
_____	15h
_____	16h
_____	17h
_____	18h
_____	19h
_____	20h
_____	21h

Acredite na força que há dentro de você! Obá está no comando do seu destino!

Ossá

ANOTAÇÕES:

Odu Ofun NO ASPECTO *negativo*
<u>ORIXÁ REGENTE:</u> *Oxalufã*
☽ LUA MINGUANTE

13
DOMINGO

Agosto

Dia de Exu / Dia da Quimbanda / Dia dos Pais

07h _____
08h _____
09h _____
10h _____
11h _____
12h _____
13h _____
14h _____
15h _____
16h _____
17h _____
18h _____
19h _____
20h _____
21h _____

ANOTAÇÕES:

De agora em diante e por todo o sempre, que Oxalufã lhe dê força e coragem para vencer!

Ofun

14
SEGUNDA

Odu Ejiokô NO ASPECTO *negativo*
<u>ORIXÁ REGENTE:</u> *Omolu*

☽ LUA MINGUANTE
Lua Vazia: 14/08 04:46h até 14/08 07:36h

Agosto

Nas encruzilhadas da vida, que Exu guie os seus passos e abençoe o seu caminho!

Ejiokô

- 07h
- 08h
- 09h
- 10h
- 11h
- 12h
- 13h
- 14h
- 15h
- 16h
- 17h
- 18h
- 19h
- 20h
- 21h

ANOTAÇÕES:

Agosto

Odu Ogundá NO ASPECTO *negativo*
<u>ORIXÁ REGENTE:</u> *Ogum Alabedé*
☾ LUA MINGUANTE

15
TERÇA

07h _____
08h _____
09h _____
10h _____
11h _____
12h _____
13h _____
14h _____
15h _____
16h _____
17h _____
18h _____
19h _____
20h _____
21h _____

Um novo sol raiou...
Que Ogum abençoe e proteja o seu dia!

Ogundá

ANOTAÇÕES:

16
QUARTA

Odu Irossun NO ASPECTO *negativo*

<u>ORIXÁ REGENTE:</u> *Iemanjá*

● LUA NOVA
Lua Vazia: 16/08 06:38h até 16/08 20:14h

Agosto

Dia de São Roque / Dia de Obaluaiê

No dia de hoje, que Iemanjá cubra seu lar e sua família com a felicidade!

Irossun

_____ 07h
_____ 08h
_____ 09h
_____ 10h
_____ 11h
_____ 12h
_____ 13h
_____ 14h
_____ 15h
_____ 16h
_____ 17h
_____ 18h
_____ 19h
_____ 20h
_____ 21h

ANOTAÇÕES:

Odu Oxê NO ASPECTO *positivo*

<u>ORIXÁ REGENTE:</u> *Oxum*

● LUA NOVA

Agosto

17
QUINTA

07h _____
08h _____
09h _____
10h _____
11h _____
12h _____
13h _____
14h _____
15h _____
16h _____
17h _____
18h _____
19h _____
20h _____
21h _____

Nenhuma dor dura pra sempre! Que Oxum lhe acolha e conforte o seu coração!

Oxê

ANOTAÇÕES:

18
SEXTA

Odu Obará NO ASPECTO *positivo*

<u>ORIXÁ REGENTE:</u> *Logunedé*

● LUA NOVA

Agosto

Por hoje e pelos dias que virão, que Logunedé lhe acolha em seus braços e abençoe seu dia!

Obará

	07h
	08h
	09h
	10h
	11h
	12h
	13h
	14h
	15h
	16h
	17h
	18h
	19h
	20h
	21h

ANOTAÇÕES:

Agosto

Odu Odi NO ASPECTO *negativo*

<u>ORIXÁ REGENTE:</u> *Exu*

● LUA NOVA
Lua Vazia: 19/08 05:50h até 19/08 08:53h

19
SÁBADO

- 07h _____
- 08h _____
- 09h _____
- 10h _____
- 11h _____
- 12h _____
- 13h _____
- 14h _____
- 15h _____
- 16h _____
- 17h _____
- 18h _____
- 19h _____
- 20h _____
- 21h _____

Se os olhos são o espelho da alma, que Exu faça os seus brilharem de alegria!

Odi

ANOTAÇÕES:

20
DOMINGO

Odu Ejiogbê NO ASPECTO *positivo*
<u>ORIXÁ REGENTE:</u> *Xangô Airá*
● LUA NOVA

Agosto

Por hoje e sempre, que Xangô Airá lhe dê bons amigos em quem confiar!

Ejiogbê

- 07h
- 08h
- 09h
- 10h
- 11h
- 12h
- 13h
- 14h
- 15h
- 16h
- 17h
- 18h
- 19h
- 20h
- 21h

ANOTAÇÕES:

Agosto

Odu Ossá NO ASPECTO *negativo*

<u>ORIXÁ REGENTE:</u> *Iansã*

● LUA NOVA
Lua Vazia: 21/08 17:30h até 21/08 20:22h

21
SEGUNDA

07h _____
08h _____
09h _____
10h _____
11h _____
12h _____
13h _____
14h _____
15h _____
16h _____
17h _____
18h _____
19h _____
20h _____
21h _____

Enquanto há esperança, há um caminho! Que Iansã lhe dê felicidade!

Ossá

ANOTAÇÕES:

22
TERÇA

Odu Ofun NO ASPECTO *positivo*
<u>ORIXÁ REGENTE:</u> *Oxalufã*
● LUA NOVA

Agosto

Já ouviu seu bater coração hoje? É Oxalufã dizendo que chegou a hora de vencer!

Ofun

_____ 07h
_____ 08h
_____ 09h
_____ 10h
_____ 11h
_____ 12h
_____ 13h
_____ 14h
_____ 15h
_____ 16h
_____ 17h
_____ 18h
_____ 19h
_____ 20h
_____ 21h

ANOTAÇÕES:

Agosto

Odu Ejiokô NO ASPECTO *positivo*
<u>Orixá Regente:</u> *Ibeji*
● LUA NOVA

23
QUARTA

07h _____
08h _____
09h _____
10h _____
11h _____
12h _____
13h _____
14h _____
15h _____
16h _____
17h _____
18h _____
19h _____
20h _____
21h _____

Acalme-se e siga em frente! Ibeji lhe trará a força e a coragem para vencer!

Ejiokô

ANOTAÇÕES:

24
QUINTA

Odu Ogundá NO ASPECTO *positivo*
ORIXÁ REGENTE: *Ogum Alabedé*
☾ LUA CRESCENTE
Lua Vazia: 24/08 02:10h até 24/08 05:07h

Dia de São Bartolomeu / Dia de Oxumarê

Agosto

É nos pequenos sinais do universo que as bênçãos de Ogum se manifestam, permita-se enxergá-los!

Ogundá

	07h
	08h
	09h
	10h
	11h
	12h
	13h
	14h
	15h
	16h
	17h
	18h
	19h
	20h
	21h

ANOTAÇÕES:

Agosto

Odu Irossun NO ASPECTO *positivo*

ORIXÁ REGENTE: *Iemanjá*

☾ LUA CRESCENTE

25
SEXTA

07h _____
08h _____
09h _____
10h _____
11h _____
12h _____
13h _____
14h _____
15h _____
16h _____
17h _____
18h _____
19h _____
20h _____
21h _____

Que tal começar o dia sorrindo? Deixe a força de Iemanjá lhe inspirar e guiar o seu destino!

Irossun

ANOTAÇÕES:

26
SÁBADO

Odu Oxê NO ASPECTO *positivo*

ORIXÁ REGENTE: *Oxum*

☾ LUA CRESCENTE
Lua Vazia: 26/08 08:56h até 26/08 10:05h

Agosto

Que Oxum lhe permita amadurecer com os desafios do destino!

Oxê

	07h
	08h
	09h
	10h
	11h
	12h
	13h
	14h
	15h
	16h
	17h
	18h
	19h
	20h
	21h

ANOTAÇÕES:

Odu Obará NO ASPECTO *positivo*

ORIXÁ REGENTE: *Logunedé*

☾ LUA CRESCENTE

27
DOMINGO

Agosto

07h _____
08h _____
09h _____
10h _____
11h _____
12h _____
13h _____
14h _____
15h _____
16h _____
17h _____
18h _____
19h _____
20h _____
21h _____

Logunedé já determinou e hoje é o seu dia de vencer! Confie: a felicidade chegando!

Obará

ANOTAÇÕES:

28
SEGUNDA

Odu Odi NO ASPECTO *positivo*

ORIXÁ REGENTE: *Ossaín*

☾ LUA CRESCENTE

Lua Vazia: 28/08 08:48h até 28/08 11:31h

Agosto

No dia de hoje e a cada momento, que Ossaín abençoe os seus caminhos!

Odi

_____ 07h
_____ 08h
_____ 09h
_____ 10h
_____ 11h
_____ 12h
_____ 13h
_____ 14h
_____ 15h
_____ 16h
_____ 17h
_____ 18h
_____ 19h
_____ 20h
_____ 21h

ANOTAÇÕES:

Odu Ejiogbê NO ASPECTO *positivo*
ORIXÁ REGENTE: *Xangô Airá*
☾ LUA CRESCENTE

29
TERÇA

Agosto

07h _____
08h _____
09h _____
10h _____
11h _____
12h _____
13h _____
14h _____
15h _____
16h _____
17h _____
18h _____
19h _____
20h _____
21h _____

Respire fundo e confie: Xangô Airá tem uma grande vitória guardada para você!

Ejiogbê

ANOTAÇÕES:

30
QUARTA

Odu Ossá NO ASPECTO *negativo*

<u>ORIXÁ REGENTE:</u> *Iansã*

○ LUA CHEIA
Lua Vazia: 30/08 00:04h até 30/08 10:56h

Agosto

Um novo tempo começou! Confie e receba as bênçãos que Iansã preparou para você!

Ossá

	07h
	08h
	09h
	10h
	11h
	12h
	13h
	14h
	15h
	16h
	17h
	18h
	19h
	20h
	21h

ANOTAÇÕES:

Odu Ofun NO ASPECTO *positivo*
<u>ORIXÁ REGENTE:</u> *Oxalufã*
○ LUA CHEIA

Agosto

31
QUINTA

07h _____
08h _____
09h _____
10h _____
11h _____
12h _____
13h _____
14h _____
15h _____
16h _____
17h _____
18h _____
19h _____
20h _____
21h _____

Por hoje e todo o sempre, que Oxalufã guie seus passos e abra os seus caminhos!

Ofun

ANOTAÇÕES:

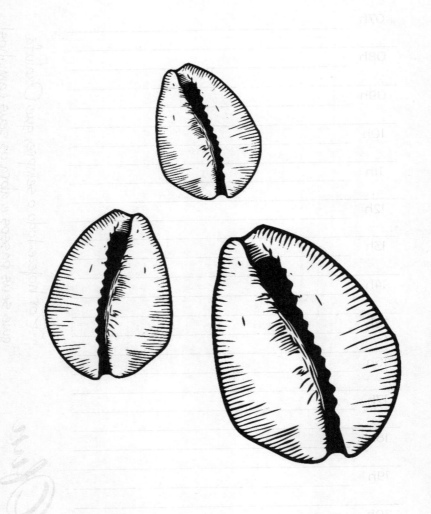

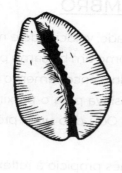
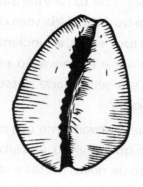

SETEMBRO

Odu do mês: Aláfia

Em paz com o mundo e consigo

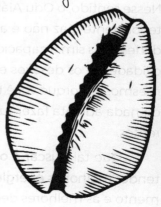

Previsões para Setembro

Depois de meses de tanta intensidade, velocidade e movimento, a regência do Odu Aláfia vem como um bálsamo para aliviar as dores e as tormentas, anunciando o encerramento pacífico do ciclo anterior e a renovação positiva para o próximo. Além disso, a paz e a serenidade desse Odu dão uma prévia sobre o que está por vir.

Com isso, este é novamente um mês propício à reflexão, à revisão de tudo o que se viveu, à celebração das conquistas e ao estabelecimento de novas metas e objetivos para o futuro. É importante fazer um balanço pessoal para identificar suas vitórias e seus desvios, afinal, "*se você não souber para onde está indo, qualquer caminho lhe servirá*".

Você já parou pra se perguntar, verdadeiramente, o que você precisa para ter paz? E, principalmente, o que você tem feito verdadeiramente para conquistá-la? Se a transformação é inevitável, preparar-se para ela é a chave do sucesso e da felicidade, mantendo sua espiritualidade bem equilibrada. Entenda: paz não é a inexistência de problemas ou dificuldades, mas a capacidade de vencê-las e superá-las com facilidade, obtendo o melhor de cada situação e evoluindo sempre.

É exatamente por isso que, em alguns momentos, você sente como se carregasse o peso do mundo em suas costas. Nesse sentido, o Odu Aláfia repete o que tentou lhe ensinar anteriormente: paz não é a inexistência de problemas ou dificuldades, mas sim a capacidade de vencê-las e superá-las com facilidade! Se os desafios e provocações do Destino ainda são os mesmos, é porque você também é a mesma pessoa de antes e de nada adianta fazer tudo igual em busca de resultados diferentes.

Que tal **buscar a orientação do Jogo de Búzios para entender melhor as energias que influenciam sua vida** nesse momento e as melhores decisões a tomar daqui pra frente?

Setembro

Odu Ejiogbê NO ASPECTO *positivo*
ORIXÁ REGENTE: *Oxoguiã*
O LUA CHEIA
Lua Vazia: 01/09 07:35h até 01/09 10:24h

01
SEXTA

07h
08h
09h
10h
11h
12h
13h
14h
15h
16h
17h
18h
19h
20h
21h

Oxoguiã já determinou e hoje é o seu dia de vencer! Confie: a felicidade chegando!

Ejiogbê

ANOTAÇÕES:

02
SÁBADO

Odu Ossá NO ASPECTO *positivo*

<u>ORIXÁ REGENTE:</u> *Obá*

O LUA CHEIA

Setembro

Por hoje e pelos dias que virão, que Obá lhe acolha em seus braços e abençoe seu dia!

Ossá

_____ 07h
_____ 08h
_____ 09h
_____ 10h
_____ 11h
_____ 12h
_____ 13h
_____ 14h
_____ 15h
_____ 16h
_____ 17h
_____ 18h
_____ 19h
_____ 20h
_____ 21h

ANOTAÇÕES:

Odu Ofun NO ASPECTO *positivo*

<u>ORIXÁ REGENTE:</u> *Oxalufã*

O LUA CHEIA
Lua Vazia: 03/09 08:56h até 03/09 11:59h

Setembro

03
DOMINGO

07h _____
08h _____
09h _____
10h _____
11h _____
12h _____
13h _____
14h _____
15h _____
16h _____
17h _____
18h _____
19h _____
20h _____
21h _____

Agradeça a cada segundo e observe o poder de Oxalufã transformar sua vida!

Ofun

ANOTAÇÕES:

04
SEGUNDA

Odu Ejiokô NO ASPECTO *positivo*
<u>ORIXÁ REGENTE:</u> *Ogum*
○ LUA CHEIA

Setembro

Quando tudo parecer perdido, que Ogum seja a luz da esperança a lhe guiar!

Ejiokô

_____ 07h
_____ 08h
_____ 09h
_____ 10h
_____ 11h
_____ 12h
_____ 13h
_____ 14h
_____ 15h
_____ 16h
_____ 17h
_____ 18h
_____ 19h
_____ 20h
_____ 21h

ANOTAÇÕES:

Odu Ogundá NO ASPECTO *positivo*
ORIXÁ REGENTE: *Ogum Alabedé*
○ LUA CHEIA
Lua Vazia: 05/09 13:45h até 05/09 17:06h

Setembro

05
TERÇA

Dia dos Irmãos

07h
08h
09h
10h
11h
12h
13h
14h
15h
16h
17h
18h
19h
20h
21h

Que nesse dia, Ogum cubra seu lar com confiança e felicidade!

Ogundá

ANOTAÇÕES:

06
QUARTA

Odu Irossun NO ASPECTO *negativo*
<u>ORIXÁ REGENTE:</u> *Iemanjá*
☾ LUA MINGUANTE

Setembro

Sorria: apesar da noite escura, um novo sol raiou! Deixe Iemanjá transformar o seu dia!

Irossun

- 07h
- 08h
- 09h
- 10h
- 11h
- 12h
- 13h
- 14h
- 15h
- 16h
- 17h
- 18h
- 19h
- 20h
- 21h

ANOTAÇÕES:

Odu Oxê NO ASPECTO *negativo*

<u>ORIXÁ REGENTE:</u> *Oxum*

☽ LUA MINGUANTE
Lua Vazia: 07/09 19:21h até 08/09 01:59h

07
QUINTA
Independência do Brasil

Setembro

07h
08h
09h
10h
11h
12h
13h
14h
15h
16h
17h
18h
19h
20h
21h

Acredite na força que há dentro de você! Oxum está no comando do seu destino!

Oxê

ANOTAÇÕES:

08
SEXTA

Odu Obará NO ASPECTO *negativo*

<u>ORIXÁ REGENTE:</u> *Xangô*

☽ LUA MINGUANTE
Lua Vazia: 07/09 19:21h até 08/09 01:59h

Setembro

Um novo sol raiou... Que Xangô abençoe e proteja o seu dia!

Obará

- 07h
- 08h
- 09h
- 10h
- 11h
- 12h
- 13h
- 14h
- 15h
- 16h
- 17h
- 18h
- 19h
- 20h
- 21h

ANOTAÇÕES:

Odu Odi NO ASPECTO *negativo*
ORIXÁ REGENTE: *Ogum Mejê*
☽ LUA MINGUANTE

SÁBADO

Setembro

- 07h
- 08h
- 09h
- 10h
- 11h
- 12h
- 13h
- 14h
- 15h
- 16h
- 17h
- 18h
- 19h
- 20h
- 21h

Avante! Ogum Mejê vai lhe guiar no caminho da verdade e da felicidade!

Odi

ANOTAÇÕES:

10
DOMINGO

Odu Ejionilé NO ASPECTO *negativo*
ORIXÁ REGENTE: *Oxoguiã*
☾ LUA MINGUANTE
Lua Vazia: 10/09 09:47h até 10/09 13:36h

Setembro

No dia de hoje, que Oxoguiã lhe inspire com a certeza de novos caminhos em sua vida!

Ejionilé

- 07h
- 08h
- 09h
- 10h
- 11h
- 12h
- 13h
- 14h
- 15h
- 16h
- 17h
- 18h
- 19h
- 20h
- 21h

ANOTAÇÕES:

Odu Ossá NO ASPECTO *negativo*

<u>ORIXÁ REGENTE:</u> *Iyewá*

☽ LUA MINGUANTE

Setembro

11
SEGUNDA

07h _____
08h _____
09h _____
10h _____
11h _____
12h _____
13h _____
14h _____
15h _____
16h _____
17h _____
18h _____
19h _____
20h _____
21h _____

Um pouco de fé e muita coragem: essa é a receita de Iyewá para a sua vitória!

Ossá

ANOTAÇÕES:

12
TERÇA

Odu Ofun NO ASPECTO *negativo*

<u>ORIXÁ REGENTE:</u> *Oxalufã*

☾ LUA MINGUANTE
Lua Vazia: 12/09 12:05h até 13/09 02:18h

Setembro

De agora em diante e por todo o sempre, que Oxalufã lhe dê força e coragem para vencer!

Ofun

	07h
	08h
	09h
	10h
	11h
	12h
	13h
	14h
	15h
	16h
	17h
	18h
	19h
	20h
	21h

ANOTAÇÕES:

Odu Ejiokô NO ASPECTO *negativo*

<u>ORIXÁ REGENTE:</u> *Omolu*

Setembro

☽ LUA MINGUANTE
Lua Vazia: 12/09 12:05h até 13/09 02:18h

13
QUARTA

07h	
08h	
09h	
10h	
11h	
12h	
13h	
14h	
15h	
16h	
17h	
18h	
19h	
20h	
21h	

No dia de hoje e a cada momento, que Omolu abençoe os seus caminhos!

Ejiokô

ANOTAÇÕES:

14
QUINTA

Odu Ogundá NO ASPECTO *negativo*
ORIXÁ REGENTE: *Ogum Alabedé*
● LUA NOVA

Setembro

Erga a cabeça e siga em frente! No dia de hoje, é Ogum quem lhe guia!

Ogundá

_____ 07h
_____ 08h
_____ 09h
_____ 10h
_____ 11h
_____ 12h
_____ 13h
_____ 14h
_____ 15h
_____ 16h
_____ 17h
_____ 18h
_____ 19h
_____ 20h
_____ 21h

ANOTAÇÕES:

Odu Irossun NO ASPECTO *positivo*

<u>ORIXÁ REGENTE:</u> *Iemanjá*

● LUA NOVA

Lua Vazia: 15/09 10:49h até 15/09 14:44h

15
SEXTA

07h _____

08h _____

09h _____

10h _____

11h _____

12h _____

13h _____

14h _____

15h _____

16h _____

17h _____

18h _____

19h _____

20h _____

21h _____

Que tal começar o dia sorrindo? Deixe a força de Iemanjá lhe inspirar e guiar o seu destino!

Irossun

ANOTAÇÕES:

16

SÁBADO

Odu Oxê NO ASPECTO *positivo*

ORIXÁ REGENTE: *Oxum*

● LUA NOVA

Setembro

> Não há caminhos fechados para quem confia em Oxum com fé e coragem!

Oxê

_____	07h
_____	08h
_____	09h
_____	10h
_____	11h
_____	12h
_____	13h
_____	14h
_____	15h
_____	16h
_____	17h
_____	18h
_____	19h
_____	20h
_____	21h

ANOTAÇÕES:

Setembro

Odu Obará NO ASPECTO *positivo*

<u>ORIXÁ REGENTE:</u> *Oxóssi*

● LUA NOVA

Lua Vazia: 17/09 22:06h até 18/09 01:58h

17
DOMINGO

07h _____
08h _____
09h _____
10h _____
11h _____
12h _____
13h _____
14h _____
15h _____
16h _____
17h _____
18h _____
19h _____
20h _____
21h _____

Persista! É Oxóssi quem está trilhando os seus passos para o sucesso!

Obará

ANOTAÇÕES:

18
SEGUNDA

Odu Odi NO ASPECTO *negativo*
<u>ORIXÁ REGENTE:</u> *Ogum Mejê*
● LUA NOVA
Lua Vazia: 17/09 22:06h até 18/09 01:58h

Setembro

Fé, força de vontade e paz no coração: esta é a promessa de Ogum Mejê para o seu dia!

Odi

	07h
	08h
	09h
	10h
	11h
	12h
	13h
	14h
	15h
	16h
	17h
	18h
	19h
	20h
	21h

ANOTAÇÕES:

Odu Ejiogbê NO ASPECTO *positivo*
ORIXÁ REGENTE: *Xangô Airá*
● LUA NOVA

Setembro

19
TERÇA

07h
08h
09h
10h
11h
12h
13h
14h
15h
16h
17h
18h
19h
20h
21h

No dia de hoje, que Xangô Airá lhe dê a sabedoria das boas escolhas!

Ejiogbê

ANOTAÇÕES:

20
QUARTA

Odu Ossá NO ASPECTO *negativo*

ORIXÁ REGENTE: *Obá*

● LUA NOVA
Lua Vazia: 20/09 07:21h até 20/09 11:05h

Setembro

	07h
	08h
	09h
	10h
	11h
	12h
	13h
	14h
	15h
	16h
	17h
	18h
	19h
	20h
	21h

Depois de toda tempestade, vem a bonança. Até lá, que Obá lhe acolha e lhe abençoe!

Ossá

ANOTAÇÕES:

Odu Ofun NO ASPECTO *positivo*

<u>ORIXÁ REGENTE:</u> *Oxalufã*

● LUA NOVA

Setembro

21
QUINTA
Dia da Árvore

07h

08h

09h

10h

11h

12h

13h

14h

15h

16h

17h

18h

19h

20h

21h

Por hoje e todo o sempre, que Oxalufã que seus passos e abra os seus caminhos!

Ofun

ANOTAÇÕES:

22
SEXTA

Início da Primavera

Odu Ejiokô NO ASPECTO *positivo*

ORIXÁ REGENTE: *Ogum*

☾ LUA CRESCENTE
Lua Vazia: 22/09 16:31h até 22/09 17:30h

Setembro

Olhe para os céus e ouça a voz de Ogum dizendo: você é capaz de transformar a sua vida!

Ejiokô

- 07h
- 08h
- 09h
- 10h
- 11h
- 12h
- 13h
- 14h
- 15h
- 16h
- 17h
- 18h
- 19h
- 20h
- 21h

ANOTAÇÕES:

Odu Ogundá NO ASPECTO *positivo*
ORIXÁ REGENTE: *Ogum Alabedé*
☾ LUA CRESCENTE

23
SÁBADO

Dia de Cosme e Damião / Dia de Ibeji

Setembro

07h _____
08h _____
09h _____
10h _____
11h _____
12h _____
13h _____
14h _____
15h _____
16h _____
17h _____
18h _____
19h _____
20h _____
21h _____

Ouça sua intuição: ela é o poder de Ogum que vive dentro de você!

Ogundá

ANOTAÇÕES:

24
DOMINGO

Odu Irossun NO ASPECTO *positivo*

<u>ORIXÁ REGENTE:</u> *Iemanjá*

☾ LUA CRESCENTE
Lua Vazia: 24/09 17:05h até 24/09 20:29h

Setembro

Nenhuma dor dura pra sempre! Que Iemanjá lhe acolha e conforte o seu coração!

Irossun

	07h
	08h
	09h
	10h
	11h
	12h
	13h
	14h
	15h
	16h
	17h
	18h
	19h
	20h
	21h

ANOTAÇÕES:

Odu Oxê NO ASPECTO *positivo*

ORIXÁ REGENTE: *Oxum*

☾ LUA CRESCENTE

SEGUNDA

Setembro

07h _____
08h _____
09h _____
10h _____
11h _____
12h _____
13h _____
14h _____
15h _____
16h _____
17h _____
18h _____
19h _____
20h _____
21h _____

Agradeça e siga em frente! Oxum abrirá os seus caminhos para a vitória!

Oxê

ANOTAÇÕES:

26
TERÇA

Odu Obará NO ASPECTO *negativo*

<u>ORIXÁ REGENTE:</u> *Xangô*

☾ LUA CRESCENTE
Lua Vazia: 26/09 09:38h até 26/09 21:18h

Setembro

Que Xangô lhe permita seguir em frente, pois a felicidade está chegando!

Obará

07h
08h
09h
10h
11h
12h
13h
14h
15h
16h
17h
18h
19h
20h
21h

ANOTAÇÕES:

Odu Odi NO ASPECTO *positivo*

ORIXÁ REGENTE: *Omolu*

☾ LUA CRESCENTE

QUARTA

07h _____
08h _____
09h _____
10h _____
11h _____
12h _____
13h _____
14h _____
15h _____
16h _____
17h _____
18h _____
19h _____
20h _____
21h _____

É nos pequenos sinais do universo que as bênçãos de Omolu se manifestam, permita-se enxergá-los!

Odi

ANOTAÇÕES:

28
QUINTA

Odu Ejiogbê NO ASPECTO *positivo*
<u>ORIXÁ REGENTE:</u> *Xangô Airá*
☾ LUA CRESCENTE
Lua Vazia: 28/09 17:57h até 28/09 21:17h

Setembro

Respire fundo e olhe para dentro de si: é lá que mora a força sagrada de Xangô!

Ejiogbê

07h
08h
09h
10h
11h
12h
13h
14h
15h
16h
17h
18h
19h
20h
21h

ANOTAÇÕES:

Odu Ossá NO ASPECTO *positivo*

<u>ORIXÁ REGENTE:</u> *Obá*

O LUA CHEIA

29
SEXTA

Dia de São Miguel Arcanjo / Dia de Logunedé

Setembro

- 07h
- 08h
- 09h
- 10h
- 11h
- 12h
- 13h
- 14h
- 15h
- 16h
- 17h
- 18h
- 19h
- 20h
- 21h

Apesar das intempéries, que Obá multiplique suas boas ações!

Ossá

ANOTAÇÕES:

30
SÁBADO

Odu Ofun NO ASPECTO *positivo*

<u>ORIXÁ REGENTE:</u> *Oxalufã*

○ LUA CHEIA
Lua Vazia: 30/09 18:49h até 30/09 22:18h

Setembro

Dia de São Jerônimo / Dia de Xangô

Por hoje e sempre, que Oxalufã lhe dê bons amigos em quem confiar!

Ofun

_____ 07h
_____ 08h
_____ 09h
_____ 10h
_____ 11h
_____ 12h
_____ 13h
_____ 14h
_____ 15h
_____ 16h
_____ 17h
_____ 18h
_____ 19h
_____ 20h
_____ 21h

ANOTAÇÕES:

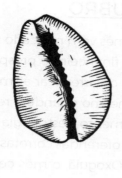
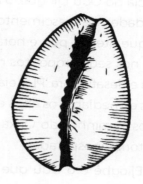

OUTUBRO

Odu do mês: Ejiogbê

O impossível é apenas questão de opinião

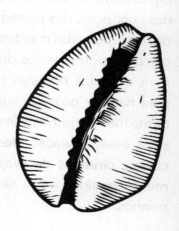

Previsões para Outubro

Sob a regência do Odu Ejiogbê, o mês vem marcado por algumas oportunidades de crescimento financeiro e prosperidade, por isso é fique atenta, pois é hora de arregaçar as mangas e seguir firme nos seus propósitos mesmo quando a realidade parecer dura e desafiadora. Planejamento e estratégia são as palavras-chaves e, mediante os ebós e oferendas corretas feitos a este Odu nos caminhos do Orixá Oxoguiã, o mês certamente lhe trará vitórias inesperadas.

Lembre-se: Ejiogbê é o Odu que nos ensina a sonhar e conquistar, afirmando que com fé e determinação, os resultados dos nossos esforços serão ainda maiores do que podemos imaginar. Por isso, que tal refletir conscientemente sobre quais são as suas metas e objetivos de vida e sobre o que tem feito para conquistá-los? Cada vitória deve ser comemorada como se fossem a única – sem, porém, perder de vista que o horizonte à sua frente é tremendo, assim como seus desejos e sua capacidade de realização. Como numa corrente de ganhos e conquistas, toda e qualquer conquista é um elo que lhe guiará à próxima vitória!

O ano está chegando ao fim, mas você ainda tem muito a viver! Por esse motivo, é importante lembrar que em seu aspecto negativo este Odu passa a chamar-se Ejionilé, o Senhor das confusões, das perseguições e traições, trazendo sinais sobre os perigos das mentiras veladas e dos segredos escondidos por detrás de palavras doces. Assim, é preciso ficar atenta às mais discretas nuances nas relações pessoais e profissionais para não ser pego de surpresa pelos falsos amigos que pela frente lhe cumprimentam e, pelas costas, lhe amaldiçoam. Para evitar essas ameaças, **ofereça oito pequenas bolas de inhame cozido, pintadas de Waji, numa estrada de bastante movimento**, pedindo a Exu Akesan leve embora o mal dos seus caminhos.

Outubro

Odu Ossá NO ASPECTO *positivo*
ORIXÁ REGENTE: *Obá*
○ LUA CHEIA

01
DOMINGO

07h _____
08h _____
09h _____
10h _____
11h _____
12h _____
13h _____
14h _____
15h _____
16h _____
17h _____
18h _____
19h _____
20h _____
21h _____

É nos pequenos sinais do universo que as bênçãos de Obá se manifestam, permita-se enxergá-los!

Ossá

ANOTAÇÕES:

02

SEGUNDA

Odu Ofun NO ASPECTO *positivo*

<u>ORIXÁ REGENTE:</u> *Oxalufã*

O LUA CHEIA
Lua Vazia: 02/10 22:00h até 03/10 02:03h

Outubro

Dia do Anjo da Guarda

Sonia: apesar da noite escura, um novo sol raiou! Deixe Oxalufã transformar o seu dia!

Ofun

	07h
	08h
	09h
	10h
	11h
	12h
	13h
	14h
	15h
	16h
	17h
	18h
	19h
	20h
	21h

ANOTAÇÕES:

Odu Owarin NO ASPECTO *positivo*

<u>ORIXÁ REGENTE:</u> *Iansã*

O LUA CHEIA
Lua Vazia: 02/10 22:00h até 03/10 02:03h

03
TERÇA

Outubro

07h ___
08h ___
09h ___
10h ___
11h ___
12h ___
13h ___
14h ___
15h ___
16h ___
17h ___
18h ___
19h ___
20h ___
21h ___

ANOTAÇÕES:

Avante! Iansã vai lhe guiar no caminho da verdade e da felicidade!

Owarin

04
QUARTA

Odu Ejilaxeborá NO ASPECTO *positivo*
ORIXÁ REGENTE: *Xangô*
○ LUA CHEIA

Dia da Natureza / Dia de Irôco

Outubro

Que Xangô lhe permita amadurecer com os desafios do destino!

Ejilaxeborá

- 07h
- 08h
- 09h
- 10h
- 11h
- 12h
- 13h
- 14h
- 15h
- 16h
- 17h
- 18h
- 19h
- 20h
- 21h

ANOTAÇÕES:

Odu Ojiologbon NO ASPECTO *positivo*
<u>ORIXÁ REGENTE:</u> *Nanã*

O LUA CHEIA
Lua Vazia: 05/10 03:34h até 05/10 09:31h

Outubro

05
QUINTA

07h
08h
09h
10h
11h
12h
13h
14h
15h
16h
17h
18h
19h
20h
21h

ANOTAÇÕES:

Confiar na voz do seu coração é ouvir os conselhos de Nanã para o seu dia!

Ojiologbon

06
SEXTA

Odu Iká NO ASPECTO *negativo*
<u>ORIXÁ REGENTE:</u> *Oxumarê*
☾ LUA MINGUANTE

Outubro

Agradeça e siga em frente! Oxumarê abrirá os seus caminhos para a vitória!

Iká

_____	07h
_____	08h
_____	09h
_____	10h
_____	11h
_____	12h
_____	13h
_____	14h
_____	15h
_____	16h
_____	17h
_____	18h
_____	19h
_____	20h
_____	21h

ANOTAÇÕES:

Outubro

Odu Obeogundá NO ASPECTO *negativo*
ORIXÁ REGENTE: *Obá*
☽ LUA MINGUANTE
Lua Vazia: 07/10 16:11h até 07/10 20:24h

07
SÁBADO

07h _____
08h _____
09h _____
10h _____
11h _____
12h _____
13h _____
14h _____
15h _____
16h _____
17h _____
18h _____
19h _____
20h _____
21h _____

ANOTAÇÕES:

Que a força de Obá lhe torne capaz de confiar e amar a si e a todos ao seu redor!

Obeogundá

08
DOMINGO

Odu Aláfia NO ASPECTO *negativo*
ORIXÁ REGENTE: *Orunmilá*
☾ LUA MINGUANTE

Outubro

_____ 07h
_____ 08h
_____ 09h
_____ 10h
_____ 11h
_____ 12h
_____ 13h
_____ 14h
_____ 15h
_____ 16h
_____ 17h
_____ 18h
_____ 19h
_____ 20h
_____ 21h

Nenhuma dor dura pra sempre! Que Orunmilá lhe acolha e conforte o seu coração!

Aláfia

ANOTAÇÕES:

Odu Ejionilé NO ASPECTO *negativo*
<u>ORIXÁ REGENTE:</u> *Oxoguiã*
☽ LUA MINGUANTE

SEGUNDA

Outubro

- 07h _____
- 08h _____
- 09h _____
- 10h _____
- 11h _____
- 12h _____
- 13h _____
- 14h _____
- 15h _____
- 16h _____
- 17h _____
- 18h _____
- 19h _____
- 20h _____
- 21h _____

Não há caminhos fechados para quem tem fé e gratidão! Confie em Oxoguiã!

Ejionilé

ANOTAÇÕES:

10
TERÇA

Odu Ossá NO ASPECTO *negativo*

<u>ORIXÁ REGENTE:</u> *Iyewá*

☾ LUA MINGUANTE
Lua Vazia: 10/10 06:36h até 10/10 09:01h

Outubro

Abra os olhos e permita-se enxergar as belezas que Iyewá preparou para você!

Ossá

07h
08h
09h
10h
11h
12h
13h
14h
15h
16h
17h
18h
19h
20h
21h

ANOTAÇÕES:

Odu Ofun NO ASPECTO *negativo*
ORIXÁ REGENTE: *Oxalufã*
☽ LUA MINGUANTE

Outubro

11
QUARTA

07h _____
08h _____
09h _____
10h _____
11h _____
12h _____
13h _____
14h _____
15h _____
16h _____
17h _____
18h _____
19h _____
20h _____
21h _____

Depois de toda tempestade, vem a bonança. Até lá, que Oxalufã lhe acolha e lhe abençoe!

Ofun

ANOTAÇÕES:

12
QUINTA

Odu Owarin NO ASPECTO *negativo*

ORIXÁ REGENTE: *Iansã*

☽ LUA MINGUANTE
Lua Vazia: 12/10 17:10h até 12/10 21:24h

Dia de Nossa Senhora Aparecida / Dia de Oxum / Dia das Crianças

Outubro

Que nesse dia, Iansã cubra seu lar com confiança e felicidade!

Owarin

_____	07h
_____	08h
_____	09h
_____	10h
_____	11h
_____	12h
_____	13h
_____	14h
_____	15h
_____	16h
_____	17h
_____	18h
_____	19h
_____	20h
_____	21h

ANOTAÇÕES:

Odu Ejilaxeborá NO ASPECTO *negativo*
<u>ORIXÁ REGENTE:</u> *Xangô*
☾ LUA MINGUANTE

Outubro

13
SEXTA

07h _____
08h _____
09h _____
10h _____
11h _____
12h _____
13h _____
14h _____
15h _____
16h _____
17h _____
18h _____
19h _____
20h _____
21h _____

Apesar das intempéries, que Xangô multiplique suas boas ações!

Ejilaxeborá

ANOTAÇÕES:

14
SÁBADO

Odu Ojiologbon NO ASPECTO *negativo*
ORIXÁ REGENTE: *Nanã*
● LUA NOVA

Outubro

Abra o coração e agradeça: Nanã é quem trará equilíbrio para as suas escolhas!

Ojiologbon

- 07h
- 08h
- 09h
- 10h
- 11h
- 12h
- 13h
- 14h
- 15h
- 16h
- 17h
- 18h
- 19h
- 20h
- 21h

ANOTAÇÕES:

Odu Iká NO ASPECTO *positivo*

<u>ORIXÁ REGENTE:</u> *Iyewá*

● LUA NOVA

Lua Vazia: 15/10 04:01h até 15/10 08:24h

Outubro

15
DOMINGO
Dia do Professor

07h _____
08h _____
09h _____
10h _____
11h _____
12h _____
13h _____
14h _____
15h _____
16h _____
17h _____
18h _____
19h _____
20h _____
21h _____

Vida longa, saúde e felicidade: que as bênçãos de Iyewá lhe cubram por todo o dia!

Iká

ANOTAÇÕES:

16
SEGUNDA

Odu Obeogundá NO ASPECTO *negativo*
<u>ORIXÁ REGENTE:</u> *Obá*
● LUA NOVA

Outubro

	07h
	08h
	09h
	10h
	11h
	12h
	13h
	14h
	15h
	16h
	17h
	18h
	19h
	20h
	21h

No dia de hoje, que Obá lhe dê a sabedoria das boas escolhas!

Obeogundá

ANOTAÇÕES:

Odu Aláfia NO ASPECTO *positivo*

<u>ORIXÁ REGENTE:</u> *Orunmilá*

● LUA NOVA

Lua Vazia: 17/10 12:43h até 17/10 16:36h

17
TERÇA

07h _____
08h _____
09h _____
10h _____
11h _____
12h _____
13h _____
14h _____
15h _____
16h _____
17h _____
18h _____
19h _____
20h _____
21h _____

Meu maior desejo? Que Orunmilá lhe faça capaz de agir e mudar o seu destino!

Aláfia

ANOTAÇÕES:

18
QUARTA

Odu Ejiogbê NO ASPECTO *positivo*
<u>ORIXÁ REGENTE:</u> *Xangô Airá*
● LUA NOVA

Outubro

Acalme seu coração e receba as bênçãos de Xangô Airá... Um novo dia vai raiar!

Ejiogbê

_____	07h
_____	08h
_____	09h
_____	10h
_____	11h
_____	12h
_____	13h
_____	14h
_____	15h
_____	16h
_____	17h
_____	18h
_____	19h
_____	20h
_____	21h

ANOTAÇÕES:

Odu Ossá NO ASPECTO *negativo*

<u>ORIXÁ REGENTE:</u> *Iansã*

● LUA NOVA

Lua Vazia: 19/10 16:02h até 19/10 22:54h

19
QUINTA

Outubro

07h _____

08h _____

09h _____

10h _____

11h _____

12h _____

13h _____

14h _____

15h _____

16h _____

17h _____

18h _____

19h _____

20h _____

21h _____

Persista! É Iansã quem está trilhando os seus passos para o sucesso!

Ossá

ANOTAÇÕES:

20
SEXTA

Odu Ofun NO ASPECTO *positivo*
<u>ORIXÁ REGENTE:</u> *Oxalufã*
● LUA NOVA

Outubro

Paz, sucesso e felicidade: essa é a profecia que Oxalufã realizará no seu dia!

Ofun

	07h
	08h
	09h
	10h
	11h
	12h
	13h
	14h
	15h
	16h
	17h
	18h
	19h
	20h
	21h

ANOTAÇÕES:

Odu Owarin NO ASPECTO *negativo*

<u>ORIXÁ REGENTE:</u> *Iansã*

● LUA NOVA

21
SÁBADO

Outubro

07h _____
08h _____
09h _____
10h _____
11h _____
12h _____
13h _____
14h _____
15h _____
16h _____
17h _____
18h _____
19h _____
20h _____
21h _____

ANOTAÇÕES:

Não há caminhos fechados para quem confia em Iansã com fé e coragem!

Owarin

22
DOMINGO

Odu Ejilaxeborá NO ASPECTO *positivo*

<u>ORIXÁ REGENTE:</u> *Xangô*

☾ LUA CRESCENTE

Lua Vazia: 22/10 03:00h até 22/10 03:06h

Outubro

Ejilaxeborá

Fé, força de vontade e paz no coração: esta é a promessa de Xangô para o seu dia!

_____ 07h
_____ 08h
_____ 09h
_____ 10h
_____ 11h
_____ 12h
_____ 13h
_____ 14h
_____ 15h
_____ 16h
_____ 17h
_____ 18h
_____ 19h
_____ 20h
_____ 21h

ANOTAÇÕES:

Outubro

Odu Ojiologbon NO ASPECTO *negativo*

ORIXÁ REGENTE: *Nanã*

☾ LUA CRESCENTE
Lua Vazia: 23/10 16:04h até 24/10 05:32h

23
SEGUNDA

07h _____
08h _____
09h _____
10h _____
11h _____
12h _____
13h _____
14h _____
15h _____
16h _____
17h _____
18h _____
19h _____
20h _____
21h _____

Respire fundo e confie: Nanã tem uma grande vitória guardada para você!

Ojiologbon

ANOTAÇÕES:

24
TERÇA

Odu Iká NO ASPECTO *negativo*

ORIXÁ REGENTE: *Oxumarê*

☾ LUA CRESCENTE
Lua Vazia: 23/10 16:04h até 24/10 05:32h

Outubro

Erga a cabeça e siga em frente! No dia de hoje, é Oxumarê quem lhe guia!

Iká

07h
08h
09h
10h
11h
12h
13h
14h
15h
16h
17h
18h
19h
20h
21h

ANOTAÇÕES:

Odu Obeogundá NO ASPECTO *positivo*
ORIXÁ REGENTE: *Obá*
☾ LUA CRESCENTE

25
QUARTA

Outubro

07h _____
08h _____
09h _____
10h _____
11h _____
12h _____
13h _____
14h _____
15h _____
16h _____
17h _____
18h _____
19h _____
20h _____
21h _____

ANOTAÇÕES:

Agradeça a cada segundo e observe o poder de Obá transformar sua vida!

Obeogundá

26
QUINTA

Odu Aláfia NO ASPECTO *positivo*

<u>ORIXÁ REGENTE:</u> *Orunmilá*

☾ LUA CRESCENTE
Lua Vazia: 26/10 03:39h até 26/10 07:01h

Outubro

Por hoje e todo o sempre, que Orunmilá guie seus passos e abra os seus caminhos!

Aláfia

_____ 07h
_____ 08h
_____ 09h
_____ 10h
_____ 11h
_____ 12h
_____ 13h
_____ 14h
_____ 15h
_____ 16h
_____ 17h
_____ 18h
_____ 19h
_____ 20h
_____ 21h

ANOTAÇÕES:

Odu Ejiogbê NO ASPECTO *positivo*
ORIXÁ REGENTE: *Oxoguiã*
☾ LUA CRESCENTE

Outubro

27
SEXTA

07h _____
08h _____
09h _____
10h _____
11h _____
12h _____
13h _____
14h _____
15h _____
16h _____
17h _____
18h _____
19h _____
20h _____
21h _____

Pelo dia de hoje, que Exu lhe provoque... E que Oxalá lhe abençoe!

Ejiogbê

ANOTAÇÕES:

28
SÁBADO

Odu Ossá NO ASPECTO *positivo*

<u>ORIXÁ REGENTE:</u> *Iansã*

○ LUA CHEIA
Lua Vazia: 28/10 05:19h até 28/10 08:44h

Outubro

_____	07h
_____	08h
_____	09h
_____	10h
_____	11h
_____	12h
_____	13h
_____	14h
_____	15h
_____	16h
_____	17h
_____	18h
_____	19h
_____	20h
_____	21h

Já ouviu seu bater coração hoje? É Iansã dizendo que chegou a hora de vencer!

Ossá

ANOTAÇÕES:

Odu Ofun NO ASPECTO *positivo*
ORIXÁ REGENTE: *Oxalufã*
○ LUA CHEIA

Outubro

29
DOMINGO

Dia Nacional do Livro

07h _____
08h _____
09h _____
10h _____
11h _____
12h _____
13h _____
14h _____
15h _____
16h _____
17h _____
18h _____
19h _____
20h _____
21h _____

Respire fundo e olhe para dentro de si: é lá que mora a força sagrada de Oxalufã!

Ofun

ANOTAÇÕES:

30
SEGUNDA

Odu Owarin NO ASPECTO *positivo*

ORIXÁ REGENTE: *Iansã*

○ LUA CHEIA
Lua Vazia: 30/10 08:35h até 30/10 12:07h

Outubro

Acredite: Iansã lhe dará a sabedoria necessária para evoluir e vencer!

Owarin

	07h
	08h
	09h
	10h
	11h
	12h
	13h
	14h
	15h
	16h
	17h
	18h
	19h
	20h
	21h

ANOTAÇÕES:

Odu Ejilaxeborá NO ASPECTO *positivo*
ORIXÁ REGENTE: *Xangô*
○ LUA CHEIA

31
TERÇA

07h	
08h	
09h	
10h	
11h	
12h	
13h	
14h	
15h	
16h	
17h	
18h	
19h	
20h	
21h	

ANOTAÇÕES:

Ejilaxeborá — No dia de hoje e a cada momento, que Xangô abençoe os seus caminhos!

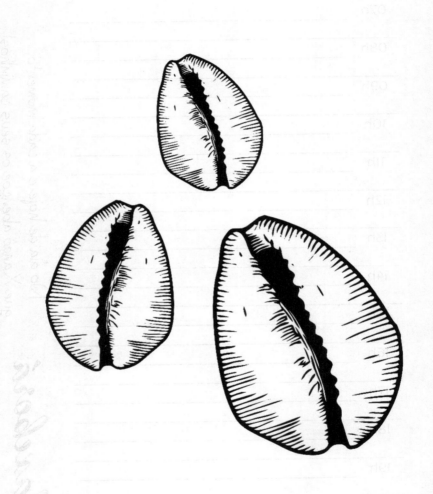

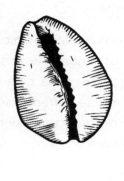
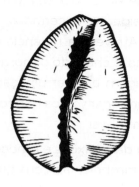

NOVEMBRO

Odu do mês: Ossá

A felicidade vem a quem assume seu destino

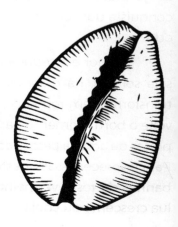

Previsões para Novembro

Contrastes e tensões no ar trarão à tona questões do passado que você considerava encerradas, e os sentimentos estarão à flor da pele. Através da regência do Odu Ossá pela segunda vez neste ano, é chegado o momento de enfrentar seus medos com a coragem e determinação de quem realmente está disposta a abandonar velhos hábitos para despertar a felicidade em seus caminhos!

Sendo o Odu das paixões e emoções de grande intensidade, o Odu Ossá também faz com que não existam meios-termos durante esse mês, no qual tudo - para o bem e para o mal - será levado aos extremos. Por isso, é preciso harmonizar o seu ritmo com o ritmo do Universo ao seu redor, buscando o equilíbrio entre razão e emoção, a fim de que toda essa intensidade que lhe será natural nesse período não ponha fogo no mundo sem nem mesmo perceber. Afinal de contas, se isso acontecer, é você mesma quem terá que apagar os incêndios que causar em sua vida.

Dessa maneira, o planejamento e a estratégia são fundamentais para o sucesso daquilo que você deseja empreender em todos os aspectos da sua vida: pessoal, profissional ou amorosa. O estabelecimento de metas realizáveis a curto, médio e longo prazo, traçando planos que verdadeiramente levem à conquista dos seus sonhos, é a regra para o sucesso nesse período.

O amor e a sedução também vão a falar mais alto. Caso seja solteira, há grandes possibilidades de uma amizade se transformar em romance; se o relacionamento já existir, aproveite o bom momento para fortalecer sua união realizando surpresas de amor à pessoa com quem você divide sua intimidade. Para favorecer essas questões e estimular o prazer a dois, **tome banhos de rosas vermelhas, canela e mel às quartas-feiras de lua crescente ou cheia.**

Odu Ofun NO ASPECTO *negativo*

<u>ORIXÁ REGENTE:</u> *Oxalufã*

O LUA CHEIA
Lua Vazia: 01/11 09:36h até 01/11 18:30h

Novembro

01
QUARTA
Dia de Todos os Santos

07h _____
08h _____
09h _____
10h _____
11h _____
12h _____
13h _____
14h _____
15h _____
16h _____
17h _____
18h _____
19h _____
20h _____
21h _____

As palavras de Oxalufã são certeiras: seus caminhos lhe guiarão para a vitória!

Ofun

ANOTAÇÕES:

02
QUINTA

Dia de Finados

Odu Owarin NO ASPECTO *positivo*
ORIXÁ REGENTE: *Iansã*
○ LUA CHEIA

Novembro

Persista! É Iansã quem está trilhando os seus passos para o sucesso!

Owarin

_____ 07h
_____ 08h
_____ 09h
_____ 10h
_____ 11h
_____ 12h
_____ 13h
_____ 14h
_____ 15h
_____ 16h
_____ 17h
_____ 18h
_____ 19h
_____ 20h
_____ 21h

ANOTAÇÕES:

Odu Ejilaxeborá NO ASPECTO *positivo*
<u>ORIXÁ REGENTE:</u> *Xangô*
○ LUA CHEIA

03
SEXTA

Novembro

07h _____
08h _____
09h _____
10h _____
11h _____
12h _____
13h _____
14h _____
15h _____
16h _____
17h _____
18h _____
19h _____
20h _____
21h _____

ANOTAÇÕES:

Ejilaxeborá — Acalme seu coração e receba as bençãos de Xangô... Um novo dia vai raiar!

04
SÁBADO

Odu Ojiologbon NO ASPECTO *positivo*
ORIXÁ REGENTE: *Nanã*

○ LUA CHEIA
Lua Vazia: 04/11 00:27h até 04/11 04:20h

Novembro

Receba as bênçãos de Nanã e permita-se ser feliz por existir: você merece!

Ojiologbon

- 07h
- 08h
- 09h
- 10h
- 11h
- 12h
- 13h
- 14h
- 15h
- 16h
- 17h
- 18h
- 19h
- 20h
- 21h

ANOTAÇÕES:

Odu Iká NO ASPECTO *negativo*
<u>ORIXÁ REGENTE:</u> *Oxumarê*
☽ LUA MINGUANTE

05
DOMINGO

07h
08h
09h
10h
11h
12h
13h
14h
15h
16h
17h
18h
19h
20h
21h

Felicidade e prosperidade: essas são as promessas de Oxumarê para o seu dia!

Iká

ANOTAÇÕES:

06
SEGUNDA

Odu Obeogundá NO ASPECTO *negativo*

<u>ORIXÁ REGENTE:</u> *Obá*

☽ LUA MINGUANTE
Lua Vazia: 06/11 03:25h até 06/11 15:39h

Novembro

Confiar na voz do seu coração é ouvir os conselhos de Obá para o seu dia.

Obeogundá

	07h
	08h
	09h
	10h
	11h
	12h
	13h
	14h
	15h
	16h
	17h
	18h
	19h
	20h
	21h

ANOTAÇÕES:

Novembro

Odu Aláfia NO ASPECTO *negativo*
ORIXÁ REGENTE: *Orunmilá*
☾ LUA MINGUANTE

TERÇA

07h	
08h	
09h	
10h	
11h	
12h	
13h	
14h	
15h	
16h	
17h	
18h	
19h	
20h	
21h	

Quando tudo parecer perdido, que Orunmilá seja a luz da esperança a lhe guiar!

Aláfia

ANOTAÇÕES:

08
QUARTA

Odu Ejionilé NO ASPECTO *negativo*
ORIXÁ REGENTE: *Xangô Airá*
☽ LUA MINGUANTE

Novembro

Não há caminhos fechados para quem tem fé e gratidão! Confie em Xangô Airá!

Ejionilé

_____ 07h
_____ 08h
_____ 09h
_____ 10h
_____ 11h
_____ 12h
_____ 13h
_____ 14h
_____ 15h
_____ 16h
_____ 17h
_____ 18h
_____ 19h
_____ 20h
_____ 21h

ANOTAÇÕES:

Odu Ossá NO ASPECTO *negativo*

<u>ORIXÁ REGENTE:</u> *Obá*

☽ LUA MINGUANTE
Lua Vazia: 09/11 00:55h até 09/11 04:07h

Novembro

09
QUINTA

07h _____
08h _____
09h _____
10h _____
11h _____
12h _____
13h _____
14h _____
15h _____
16h _____
17h _____
18h _____
19h _____
20h _____
21h _____

Agradeça e siga em frente! Obá abrirá os seus caminhos para a vitória!

Ossá

ANOTAÇÕES:

10
SEXTA

Odu Ofun NO ASPECTO *negativo*
ORIXÁ REGENTE: *Oxalufã*
☽ LUA MINGUANTE

Novembro

Não há caminhos fechados para quem confia em Oxalufã com fé e coragem!

Ofun

_____	07h
_____	08h
_____	09h
_____	10h
_____	11h
_____	12h
_____	13h
_____	14h
_____	15h
_____	16h
_____	17h
_____	18h
_____	19h
_____	20h
_____	21h

ANOTAÇÕES:

Odu Owarin NO ASPECTO *negativo*

<u>ORIXÁ REGENTE:</u> *Iansã*

☽ LUA MINGUANTE
Lua Vazia: 11/11 11:05h até 11/11 14:39h

Novembro

11
SÁBADO

07h	_____
08h	_____
09h	_____
10h	_____
11h	_____
12h	_____
13h	_____
14h	_____
15h	_____
16h	_____
17h	_____
18h	_____
19h	_____
20h	_____
21h	_____

Pelo dia de hoje, que Exu lhe provoque...
E que Oxalá lhe abençoe!

Owarin

ANOTAÇÕES:

12
DOMINGO

Odu Ejilaxeborá NO ASPECTO *negativo*
ORIXÁ REGENTE: *Xangô*
☽ LUA MINGUANTE

Novembro

No dia de hoje, que Xangô lhe dê a sabedoria das boas escolhas!

Ejilaxeborá

- 07h
- 08h
- 09h
- 10h
- 11h
- 12h
- 13h
- 14h
- 15h
- 16h
- 17h
- 18h
- 19h
- 20h
- 21h

ANOTAÇÕES:

Odu Ojiologbon NO ASPECTO *negativo*

ORIXÁ REGENTE: *Nanã*

● LUA NOVA
Lua Vazia: 13/11 19:03h até 13/11 22:22h

Novembro

13
SEGUNDA

07h ___
08h ___
09h ___
10h ___
11h ___
12h ___
13h ___
14h ___
15h ___
16h ___
17h ___
18h ___
19h ___
20h ___
21h ___

Abra o coração e agradeça: Nanã é quem trará equilíbrio para as suas escolhas!

Ojiologbon

ANOTAÇÕES:

14
TERÇA

Odu Iká NO ASPECTO *positivo*

<u>ORIXÁ REGENTE:</u> *Oxumarê*

● LUA NOVA

Novembro

No dia de hoje, que Oxumarê cubra seu lar e sua família com a felicidade!

Iká

_____	07h
_____	08h
_____	09h
_____	10h
_____	11h
_____	12h
_____	13h
_____	14h
_____	15h
_____	16h
_____	17h
_____	18h
_____	19h
_____	20h
_____	21h

ANOTAÇÕES:

Novembro

Odu Obeogundá NO ASPECTO *negativo*

<u>ORIXÁ REGENTE:</u> *Obá*

● LUA NOVA

Lua Vazia: 15/11 18:56h até 16/11 03:41h

15
QUARTA

Proclamação da República / Dia Nacional da Umbanda

07h _____

08h _____

09h _____

10h _____

11h _____

12h _____

13h _____

14h _____

15h _____

16h _____

17h _____

18h _____

19h _____

20h _____

21h _____

De agora em diante e por todo o sempre, que Obá lhe dê força e coragem para vencer!

Obeogundá

ANOTAÇÕES:

16
QUINTA

Odu Aláfia NO ASPECTO *negativo*

<u>ORIXÁ REGENTE:</u> *Orunmilá*

● LUA NOVA
Lua Vazia: 15/11 18:56h até 16/11 03:41h

Novembro

Olhe para os céus e ouça a voz de Orunmilá dizendo: você é capaz de transformar a sua vida!

Aláfia

_____	07h
_____	08h
_____	09h
_____	10h
_____	11h
_____	12h
_____	13h
_____	14h
_____	15h
_____	16h
_____	17h
_____	18h
_____	19h
_____	20h
_____	21h

ANOTAÇÕES:

Odu Ejiogbê NO ASPECTO *positivo*
ORIXÁ REGENTE: *Oxoguiã*
● LUA NOVA

Novembro

17
SEXTA

07h _____
08h _____
09h _____
10h _____
11h _____
12h _____
13h _____
14h _____
15h _____
16h _____
17h _____
18h _____
19h _____
20h _____
21h _____

Por hoje e todo o sempre, que Oxoguiã guie seus passos e abra os seus caminhos!

Ejiogbê

ANOTAÇÕES:

18
SÁBADO

Odu Ossá NO ASPECTO *negativo*

<u>ORIXÁ REGENTE:</u> *Iansã*

● LUA NOVA
Lua Vazia: 18/11 04:27h até 18/11 07:27h

Novembro

Um pouco de fé e muita coragem: essa é a receita de Iansã para a sua vitória!

Ossá

_____	07h
_____	08h
_____	09h
_____	10h
_____	11h
_____	12h
_____	13h
_____	14h
_____	15h
_____	16h
_____	17h
_____	18h
_____	19h
_____	20h
_____	21h

ANOTAÇÕES:

Odu Ofun NO ASPECTO *positivo*
<u>ORIXÁ REGENTE:</u> *Oxalufã*
● LUA NOVA

19
DOMINGO

Novembro

07h _____
08h _____
09h _____
10h _____
11h _____
12h _____
13h _____
14h _____
15h _____
16h _____
17h _____
18h _____
19h _____
20h _____
21h _____

Um novo sol raiou... Que Oxalufã abençoe e proteja o seu dia!

Ofun

ANOTAÇÕES:

20
SEGUNDA

Odu Owarin NO ASPECTO *positivo*

ORIXÁ REGENTE: *Iansã*

☾ LUA CRESCENTE
Lua Vazia: 20/11 06:49h até 20/11 10:29h

Novembro

Dia da Consciência Negra

Apesar das intempéries, que Iansã multiplique suas boas ações!

Owarin

	07h
	08h
	09h
	10h
	11h
	12h
	13h
	14h
	15h
	16h
	17h
	18h
	19h
	20h
	21h

ANOTAÇÕES:

Novembro

Odu Ejilaxeborá NO ASPECTO *positivo*
ORIXÁ REGENTE: *Xangô*
☾ LUA CRESCENTE

21
TERÇA

07h _____
08h _____
09h _____
10h _____
11h _____
12h _____
13h _____
14h _____
15h _____
16h _____
17h _____
18h _____
19h _____
20h _____
21h _____

ANOTAÇÕES:

Nenhuma dor dura pra sempre! Que Xangô lhe acolha e conforte o seu coração!

Ejilaxeborá

22
QUARTA

Odu Ojiologbon NO ASPECTO *positivo*

<u>ORIXÁ REGENTE:</u> *Nanã*

☾ LUA CRESCENTE
Lua Vazia: 22/11 11:09h até 22/11 13:19h

Novembro

Enquanto há esperança, há um caminho! Que Nanã lhe dê felicidade!

Ojiologbon

	07h
	08h
	09h
	10h
	11h
	12h
	13h
	14h
	15h
	16h
	17h
	18h
	19h
	20h
	21h

ANOTAÇÕES:

Odu Iká NO ASPECTO *positivo*

<u>ORIXÁ REGENTE:</u> *Iyewá*

☾ LUA CRESCENTE

23
QUINTA

Novembro

07h	
08h	
09h	
10h	
11h	
12h	
13h	
14h	
15h	
16h	
17h	
18h	
19h	
20h	
21h	

Agradeça, perdoe e não deseje o mal... É Iyewá quem lhe protege das más influências!

Iká

ANOTAÇÕES:

24
SEXTA

Odu Obeegundá NO ASPECTO *positivo*

<u>ORIXÁ REGENTE:</u> *Obá*

☾ LUA CRESCENTE
Lua Vazia: 24/11 13:40h até 24/11 16:28h

Novembro

Obeegundá — Fé, força de vontade e paz no coração: esta é a promessa de Obá para o seu dia!

_____	07h
_____	08h
_____	09h
_____	10h
_____	11h
_____	12h
_____	13h
_____	14h
_____	15h
_____	16h
_____	17h
_____	18h
_____	19h
_____	20h
_____	21h

ANOTAÇÕES:

Odu Aláfia NO ASPECTO *positivo*
ORIXÁ REGENTE: *Orunmilá*
☾ LUA CRESCENTE

25
SÁBADO

Dia Nacional da Baiana de Acarajé

Novembro

- 07h _____
- 08h _____
- 09h _____
- 10h _____
- 11h _____
- 12h _____
- 13h _____
- 14h _____
- 15h _____
- 16h _____
- 17h _____
- 18h _____
- 19h _____
- 20h _____
- 21h _____

ANOTAÇÕES:

Que a força de Orunmilá lhe torne capaz de confiar e amar a si e a todos ao seu redor!

Aláfia

26
DOMINGO

Odu Ejiogbê NO ASPECTO *positivo*
<u>ORIXÁ REGENTE:</u> *Xangô Airá*
☾ LUA CRESCENTE
Lua Vazia: 26/11 17:51h até 26/11 20:39h

Novembro

Meu maior desejo? Que Xangô Airá lhe faça capaz de agir e mudar o seu destino!

Ejiogbê

	07h
	08h
	09h
	10h
	11h
	12h
	13h
	14h
	15h
	16h
	17h
	18h
	19h
	20h
	21h

ANOTAÇÕES:

Odu Ossá NO ASPECTO *positivo*

<u>ORIXÁ REGENTE:</u> *Iansã*

○ LUA CHEIA

27
SEGUNDA

Novembro

- 07h _____
- 08h _____
- 09h _____
- 10h _____
- 11h _____
- 12h _____
- 13h _____
- 14h _____
- 15h _____
- 16h _____
- 17h _____
- 18h _____
- 19h _____
- 20h _____
- 21h _____

Você é capaz de superar todos os desafios! Confie em Iansã e transforme o seu dia!

Ossá

ANOTAÇÕES:

28
TERÇA

Odu Ofun NO ASPECTO *positivo*

<u>ORIXÁ REGENTE:</u> *Oxalufã*

○ LUA CHEIA
Lua Vazia: 28/11 21:03h até 29/11 02:53h

Novembro

Que Oxalufã lhe permita amadurecer com os desafios do destino!

Ofun

_____	07h
_____	08h
_____	09h
_____	10h
_____	11h
_____	12h
_____	13h
_____	14h
_____	15h
_____	16h
_____	17h
_____	18h
_____	19h
_____	20h
_____	21h

ANOTAÇÕES:

Odu Ejiokô NO ASPECTO *positivo*

<u>ORIXÁ REGENTE:</u> *Ibeji*

○ LUA CHEIA
Lua Vazia: 28/11 21:03h até 29/11 02:53h

29
QUARTA

Novembro

07h _____

08h _____

09h _____

10h _____

11h _____

12h _____

13h _____

14h _____

15h _____

16h _____

17h _____

18h _____

19h _____

20h _____

21h _____

Fé acima de tudo e apesar de tudo! Tenha certeza: Ibeji é por você!

Ejiokô

ANOTAÇÕES:

30
QUINTA

Odu Ejilaxeborá NO ASPECTO *positivo*
<u>ORIXÁ REGENTE:</u> *Xangô*

○ LUA CHEIA

Novembro

Ejilaxeborá

Paz, sucesso e felicidade: essa é a profecia que Xangô realizará no seu dia!

_____ 07h
_____ 08h
_____ 09h
_____ 10h
_____ 11h
_____ 12h
_____ 13h
_____ 14h
_____ 15h
_____ 16h
_____ 17h
_____ 18h
_____ 19h
_____ 20h
_____ 21h

ANOTAÇÕES:

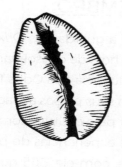

DEZEMBRO

ODU DO MÊS: OFUN

Paciência é a virtude de quem sabe onde quer chegar

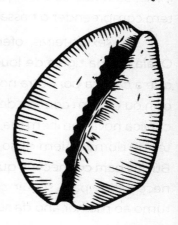

Previsões para Dezembro

Com a regência do Odu Ofun, sob a guarda dos *Orixás Funfun*, Senhores da Criação, é chegada a hora de consolidar as conquistas e objetivos iniciados sob a influência dos Odus Regentes dos meses anteriores, que guiaram seus passos até aqui. Ao mesmo tempo, é o momento de olhar para o futuro com os olhos de quem viveu e aprendeu com as experiências do passado, afinal, um novo ano se aproxima e, com ele, 365 novas possibilidades de vitórias!

Ao mesmo tempo, é hora de aprender, definitivamente, que a vida, as situações do cotidiano e as pessoas ao seu redor têm tempos próprios, contra os quais não adianta lutar. Aprender a usar isso a seu favor, modelando as suas expectativas ao que o momento pode de fato oferecer, sem perder de vista os objetivos e metas futuras, será o ponto-chave do sucesso neste mês e nos próximos.

Isso também significa repensar seus hábitos, seus relacionamentos sociais, sua carreira e tudo o mais que lhe signifiquem, a fim de identificar quais são os aspectos da sua vida que precisam, de forma urgente e definitiva, receberem um ponto final para que você possa verdadeiramente renovar-se. Como na *roda do xirê aos Orixás*, onde o fim sempre reencontra seu início, as voltas da vida, quando bem aproveitadas, nos permitem compreender o passado sem apegar-se a ele!

Às sextas-feiras, **ofereça canjica cozida e fria ao Orixá Oxalá, numa tigela de louça branca**; na semana seguinte, troque a canjica por outra nova e despache a anterior em um jardim ou em um córrego de água. Com a água do cozimento da canjica nova, também fria, tome banhos da cabeça aos pés antes de dormir. Além disso, antes da virada, **consulte o Jogo de Búzios para conhecer o que 2023 lhe reserva** e realizar os rituais necessários para seguir sua jornada de vitórias e conquistas rumo ao melhor ano da sua vida até aqui!

Odu Owarin NO ASPECTO *positivo*

<u>ORIXÁ REGENTE:</u> *Iansã*

○ LUA CHEIA
Lua Vazia: 01/12 09:06h até 01/12 12:00h

Dezembro

01
SEXTA

- 07h _____
- 08h _____
- 09h _____
- 10h _____
- 11h _____
- 12h _____
- 13h _____
- 14h _____
- 15h _____
- 16h _____
- 17h _____
- 18h _____
- 19h _____
- 20h _____
- 21h _____

ANOTAÇÕES:

É nos pequenos sinais do universo que as bênçãos de Iansã se manifestam, permita-se enxergá-los!

Owarin

02
SÁBADO

Odu Ejilaxeborá NO ASPECTO *positivo*

<u>ORIXÁ REGENTE:</u> *Xangô*

○ LUA CHEIA

Dezembro

Ejilaxeborá

Fé, força de vontade e paz no coração: esta é a promessa de Xangô para o seu dia!

_____ 07h
_____ 08h
_____ 09h
_____ 10h
_____ 11h
_____ 12h
_____ 13h
_____ 14h
_____ 15h
_____ 16h
_____ 17h
_____ 18h
_____ 19h
_____ 20h
_____ 21h

ANOTAÇÕES:

Odu Ojiologbon NO ASPECTO *positivo*

<u>ORIXÁ REGENTE:</u> *Nanã*

○ LUA CHEIA
Lua Vazia: 03/12 22:11h até 03/12 23:50h

Dezembro

03
DOMINGO

07h ___
08h ___
09h ___
10h ___
11h ___
12h ___
13h ___
14h ___
15h ___
16h ___
17h ___
18h ___
19h ___
20h ___
21h ___

ANOTAÇÕES:

Agradeça e siga em frente! Nanã abrirá os seus caminhos para a vitória!

Ojiologbon

04
SEGUNDA

Odu Iká NO ASPECTO *positivo*
ORIXÁ REGENTE: *Iyewá*
○ LUA CHEIA

Dezembro

Você está no caminho certo! Deixe que Iyewá guie seus passos e suas decisões!

Iká

_____	07h
_____	08h
_____	09h
_____	10h
_____	11h
_____	12h
_____	13h
_____	14h
_____	15h
_____	16h
_____	17h
_____	18h
_____	19h
_____	20h
_____	21h

ANOTAÇÕES:

Odu Obeogundá NO ASPECTO *negativo*
ORIXÁ REGENTE: *Obá*
☽ LUA MINGUANTE

Dezembro

05
TERÇA

07h
08h
09h
10h
11h
12h
13h
14h
15h
16h
17h
18h
19h
20h
21h

ANOTAÇÕES:

Por hoje e todo o sempre, que Obá guie seus passos e abra os seus caminhos!

Obeogundá

06
QUARTA

Odu Aláfia NO ASPECTO *negativo*

<u>ORIXÁ REGENTE:</u> *Orunmilá*

☾ LUA MINGUANTE
Lua Vazia: 06/12 09:50h até 06/12 12:34h

Dezembro

Aceite suas bênçãos: Orunmilá lhe permite renovar-se a cada manhã!

Aláfia

- 07h
- 08h
- 09h
- 10h
- 11h
- 12h
- 13h
- 14h
- 15h
- 16h
- 17h
- 18h
- 19h
- 20h
- 21h

ANOTAÇÕES:

Odu Ejionilé NO ASPECTO *negativo*
ORIXÁ REGENTE: *Oxoguiã*
☽ LUA MINGUANTE

07
QUINTA

Dezembro

07h _____
08h _____
09h _____
10h _____
11h _____
12h _____
13h _____
14h _____
15h _____
16h _____
17h _____
18h _____
19h _____
20h _____
21h _____

Pelo dia de hoje, que Exu lhe provoque...
E que Oxalá lhe abençoe!

Ejionilé

ANOTAÇÕES:

08
SEXTA

Odu Ossá NO ASPECTO *negativo*

<u>ORIXÁ REGENTE:</u> *Iyewá*

☾ LUA MINGUANTE
Lua Vazia: 08/12 21:05h até 08/12 23:34h

Dezembro

Se os olhos são o espelho da alma, que Iyewá faça os seus brilharem de alegria!

Ossá

	07h
	08h
	09h
	10h
	11h
	12h
	13h
	14h
	15h
	16h
	17h
	18h
	19h
	20h
	21h

ANOTAÇÕES:

Odu Ofun NO ASPECTO *negativo*
ORIXÁ REGENTE: *Oxalufã*
☾ LUA MINGUANTE

Dezembro

09
SÁBADO

07h _____
08h _____
09h _____
10h _____
11h _____
12h _____
13h _____
14h _____
15h _____
16h _____
17h _____
18h _____
19h _____
20h _____
21h _____

No dia de hoje e a cada momento, que Oxalufã abençoe os seus caminhos!

Ofun

ANOTAÇÕES:

10
DOMINGO

Odu Owarin NO ASPECTO *negativo*
ORIXÁ REGENTE: *Iansã*
☾ LUA MINGUANTE

Dezembro

Que nesse dia, Iansã cubra seu lar com confiança e felicidade!

Owarin

07h
08h
09h
10h
11h
12h
13h
14h
15h
16h
17h
18h
19h
20h
21h

ANOTAÇÕES:

Odu Ejilaxeborá NO ASPECTO *negativo*

<u>ORIXÁ REGENTE:</u> *Xangô*

☾ LUA MINGUANTE
Lua Vazia: 11/12 04:57h até 11/12 07:10h

Dezembro

11
SEGUNDA

07h _____
08h _____
09h _____
10h _____
11h _____
12h _____
13h _____
14h _____
15h _____
16h _____
17h _____
18h _____
19h _____
20h _____
21h _____

Acalme-se e siga em frente! Xangô lhe trará a força e a coragem para vencer!

Ejilaxeborá

ANOTAÇÕES:

12
TERÇA

Odu Ojiologbon NO ASPECTO *negativo*

<u>ORIXÁ REGENTE:</u> *Nanã*

● LUA NOVA

Dezembro

Dia de Celebração ao Odu Ejilaxeborá

Por hoje e pelos dias que virão, que Nanã lhe acolha em seus braços e abençoe seu dia!

Ojiologbon

_____	07h
_____	08h
_____	09h
_____	10h
_____	11h
_____	12h
_____	13h
_____	14h
_____	15h
_____	16h
_____	17h
_____	18h
_____	19h
_____	20h
_____	21h

ANOTAÇÕES:

Odu Iká NO ASPECTO *negativo*

ORIXÁ REGENTE: *Oxumarê*

● LUA NOVA

Lua Vazia: 13/12 02:48h até 13/12 11:31h

Dezembro

13
QUARTA

Dia de Santa Luzia / Dia de Iyewá

- 07h _____
- 08h _____
- 09h _____
- 10h _____
- 11h _____
- 12h _____
- 13h _____
- 14h _____
- 15h _____
- 16h _____
- 17h _____
- 18h _____
- 19h _____
- 20h _____
- 21h _____

Nenhuma dor dura pra sempre! Que Oxumarê lhe acolha e conforte o seu coração!

Iká

ANOTAÇÕES:

14
QUINTA

Odu Obeegundá NO ASPECTO *negativo*
<u>ORIXÁ REGENTE:</u> *Obá*
● LUA NOVA

Dezembro

Agradeça a cada segundo e observe o poder de Obá transformar sua vida!

Obeegundá

	07h
	08h
	09h
	10h
	11h
	12h
	13h
	14h
	15h
	16h
	17h
	18h
	19h
	20h
	21h

ANOTAÇÕES:

Dezembro

Odu Aláfia NO ASPECTO *positivo*

ORIXÁ REGENTE: *Orunmilá*

● LUA NOVA

Lua Vazia: 15/12 12:03h até 15/12 13:55h

15
SEXTA

07h

08h

09h

10h

11h

12h

13h

14h

15h

16h

17h

18h

19h

20h

21h

Por todo o dia e nos próximos que virão, agradeça a Orunmilá pelas vitórias da vida!

Aláfia

ANOTAÇÕES:

16
SÁBADO

Odu Ejiogbê NO ASPECTO *positivo*

<u>ORIXÁ REGENTE:</u> *Xangô Airá*

● LUA NOVA

Dezembro

De agora em diante e por todo o sempre, que Xangô Airá lhe dê força e coragem para vencer!

Ejiogbê

_____ 07h
_____ 08h
_____ 09h
_____ 10h
_____ 11h
_____ 12h
_____ 13h
_____ 14h
_____ 15h
_____ 16h
_____ 17h
_____ 18h
_____ 19h
_____ 20h
_____ 21h

ANOTAÇÕES:

Odu Ossá NO ASPECTO *negativo*

ORIXÁ REGENTE: *Iemanjá*

● LUA NOVA
Lua Vazia: 17/12 08:03h até 17/12 15:58h

17
DOMINGO

Dezembro

07h	
08h	
09h	
10h	
11h	
12h	
13h	
14h	
15h	
16h	
17h	
18h	
19h	
20h	
21h	

Que Iemanjá lhe permita amadurecer com os desafios do destino!

Ossá

ANOTAÇÕES:

18
SEGUNDA

Odu Ofun NO ASPECTO *positivo*

<u>ORIXÁ REGENTE:</u> *Oxalufã*

● LUA NOVA

Dezembro

Paz, sucesso e felicidade: essa é a profecia que Oxalufã realizará no seu dia!

Ofun

	07h
	08h
	09h
	10h
	11h
	12h
	13h
	14h
	15h
	16h
	17h
	18h
	19h
	20h
	21h

ANOTAÇÕES:

Dezembro

Odu Ejiokô NO ASPECTO *positivo*

<u>ORIXÁ REGENTE:</u> *Ibeji*

☾ LUA CRESCENTE
Lua Vazia: 19/12 17:03h até 19/12 18:46h

19
TERÇA

07h _____

08h _____

09h _____

10h _____

11h _____

12h _____

13h _____

14h _____

15h _____

16h _____

17h _____

18h _____

19h _____

20h _____

21h _____

ANOTAÇÕES:

Ibeji já determinou e hoje é o seu dia de vencer! Confie: a felicidade chegando!

Ejiokô

20
QUARTA

Odu Ejilaxeborá NO ASPECTO *positivo*
ORIXÁ REGENTE: *Xangô*
☾ LUA CRESCENTE

Dezembro

Sorria: apesar da noite escura, um novo sol raiou! Deixe Xangô transformar o seu dia!

Ejilaxeborá

- 07h
- 08h
- 09h
- 10h
- 11h
- 12h
- 13h
- 14h
- 15h
- 16h
- 17h
- 18h
- 19h
- 20h
- 21h

ANOTAÇÕES:

Odu Ojiologbon NO ASPECTO *positivo*

<u>ORIXÁ REGENTE:</u> *Nanã*

☾ LUA CRESCENTE
Lua Vazia: 21/12 22:47h até 21/12 22:50h

21
QUINTA
Início do Verão

Dezembro

07h _____
08h _____
09h _____
10h _____
11h _____
12h _____
13h _____
14h _____
15h _____
16h _____
17h _____
18h _____
19h _____
20h _____
21h _____

ANOTAÇÕES:

Felicidade e prosperidade: essas são as promessas de Nanã para o seu dia!

Ojiologbon

22
SEXTA

Odu Iká NO ASPECTO *positivo*

<u>ORIXÁ REGENTE:</u> *Oxumarê*

☾ LUA CRESCENTE

Dezembro

	07h
	08h
	09h
	10h
	11h
	12h
	13h
	14h
	15h
	16h
	17h
	18h
	19h
	20h
	21h

Nas encruzilhadas da vida, que Exu guie os seus passos e abençoe o seu caminho!

Iká

ANOTAÇÕES:

Odu Obeogundá NO ASPECTO *positivo*

<u>ORIXÁ REGENTE:</u> *Obá*

☾ LUA CRESCENTE

Dezembro

23
SÁBADO

07h _____
08h _____
09h _____
10h _____
11h _____
12h _____
13h _____
14h _____
15h _____
16h _____
17h _____
18h _____
19h _____
20h _____
21h _____

Que tal começar o dia sorrindo? Deixe a força de Obá lhe inspirar e guiar o seu destino!

Obeogundá

ANOTAÇÕES:

24
DOMINGO

Véspera de Natal

Odu Aláfia NO ASPECTO *positivo*

<u>ORIXÁ REGENTE:</u> *Orunmilá*

☾ LUA CRESCENTE
Lua Vazia: 24/12 02:39h até 24/12 04:14h

Dezembro

Apesar das intempéries, que Orunmilá multiplique suas boas ações!

Aláfia

_____	07h
_____	08h
_____	09h
_____	10h
_____	11h
_____	12h
_____	13h
_____	14h
_____	15h
_____	16h
_____	17h
_____	18h
_____	19h
_____	20h
_____	21h

ANOTAÇÕES:

Odu Ejiogbê NO ASPECTO *positivo*
<u>ORIXÁ REGENTE:</u> *Xangô Airá*
☾ LUA CRESCENTE

25
SEGUNDA
Natal / Dia de Oxalá

Dezembro

07h _____
08h _____
09h _____
10h _____
11h _____
12h _____
13h _____
14h _____
15h _____
16h _____
17h _____
18h _____
19h _____
20h _____
21h _____

Ouça sua intuição: ela é o poder de Xangô Airá que vive dentro de você!

Ejiogbê

ANOTAÇÕES:

26
TERÇA

Odu Ossá NO ASPECTO *negativo*

<u>ORIXÁ REGENTE:</u> *Obá*

○ LUA CHEIA
Lua Vazia: 26/12 03:55h até 26/12 11:15h

Dezembro

Bons caminhos, boas conquistas e boas companhias: é Obá quem lhe protege!

Ossá

_____	07h
_____	08h
_____	09h
_____	10h
_____	11h
_____	12h
_____	13h
_____	14h
_____	15h
_____	16h
_____	17h
_____	18h
_____	19h
_____	20h
_____	21h

ANOTAÇÕES:

Odu Ofun NO ASPECTO *positivo*

ORIXÁ REGENTE: *Oxalufã*

O LUA CHEIA

Dezembro

27
QUARTA

07h _____

08h _____

09h _____

10h _____

11h _____

12h _____

13h _____

14h _____

15h _____

16h _____

17h _____

18h _____

19h _____

20h _____

21h _____

Erga a cabeça e siga em frente! No dia de hoje, é Oxalufã quem lhe guia!

Ofun

ANOTAÇÕES:

28
QUINTA

Odu Ejiokô NO ASPECTO *positivo*
ORIXÁ REGENTE: *Ibeji*
O LUA CHEIA
Lua Vazia: 28/12 18:57h até 28/12 20:23h

Dezembro

Não há caminhos fechados para quem confia em Ibeji com fé e coragem!

_____ 07h
_____ 08h
_____ 09h
_____ 10h
_____ 11h
_____ 12h
_____ 13h
_____ 14h
_____ 15h
_____ 16h
_____ 17h
_____ 18h
_____ 19h
_____ 20h
_____ 21h

Ejiokô

ANOTAÇÕES:

Odu Ogundá NO ASPECTO *positivo*
<u>ORIXÁ REGENTE:</u> *Ogum Alabedé*
○ LUA CHEIA

29
SEXTA

Dezembro

07h ___
08h ___
09h ___
10h ___
11h ___
12h ___
13h ___
14h ___
15h ___
16h ___
17h ___
18h ___
19h ___
20h ___
21h ___

Enquanto há esperança, há um caminho! Que Ogum lhe dê felicidade!

Ogundá

ANOTAÇÕES:

30
SÁBADO

Odu Ojiologbon NO ASPECTO *positivo*
ORIXÁ REGENTE: *Nanã*
O LUA CHEIA

Dezembro

_____	07h
_____	08h
_____	09h
_____	10h
_____	11h
_____	12h
_____	13h
_____	14h
_____	15h
_____	16h
_____	17h
_____	18h
_____	19h
_____	20h
_____	21h

Não há caminhos fechados para quem tem fé e gratidão! Confie em Nanã!

Ojiologbon

ANOTAÇÕES:

Odu Iká NO ASPECTO *negativo*

<u>ORIXÁ REGENTE:</u> *Iyewá*

○ LUA CHEIA
Lua Vazia: 31/12 01:18h até 31/12 07:53h

Dezembro

31
DOMINGO
Réveillon

07h ___
08h ___
09h ___
10h ___
11h ___
12h ___
13h ___
14h ___
15h ___
16h ___
17h ___
18h ___
19h ___
20h ___
21h ___

Olhe para os céus e ouça a voz de Iyewá dizendo: você é capaz de transformar a sua vida!

Iká

ANOTAÇÕES:

LIÇÕES APRENDIDAS NO ANO QUE PASSOU...

O ano está chegando ao fim e, com isso, é hora de estabelecer as metas e objetivos para o novo ciclo que se aproxima. Antes disso, que tal aproveitar esse momento para perceber o quanto você evoluiu nos meses que se passaram? Pensando nos últimos 12 meses, quais foram as principais lições aprendidas até aqui?

1. _____

2. _____

3. _____

4. _____

5. _____

6. _____

7. _____

8. _____

9. _____

10. _____

11. _____

12. _____

<u>METAS PESSOAIS PARA O ANO QUE VAI COMEÇAR...</u>

Ao meditar conscientemente sobre as experiências do passado e entendermos como, a cada dia, podemos nos tornar responsáveis pela nossa própria felicidade, também podemos escolher o futuro que vamos experimentar. Pensando nisso e nas lições aprendidas até aqui, quais são as suas metas e objetivos para transformar o ano que vem no melhor ano da sua vida até agora?

1. _____

2. _____

3. _____

4. _____

5. _____

6. _____

7. _____

8. _____

9. _____

10. _____

11. _____

12. _____

Anotações, Reflexões e Meditações Pessoais

TELEFONES IMPORTANTES

Nome: _____

Tel.: (___) _____ - _____   Cel.: (___) _____ - _____

Nome: _____

Tel.: (___) _____ - _____   Cel.: (___) _____ - _____

Nome: _____

Tel.: (___) _____ - _____   Cel.: (___) _____ - _____

Nome: _____

Tel.: (___) _____ - _____   Cel.: (___) _____ - _____

Nome: _____

Tel.: (___) _____ - _____   Cel.: (___) _____ - _____

Nome: _____

Tel.: (___) _____ - _____   Cel.: (___) _____ - _____

Nome: _____

Tel.: (___) _____ - _____   Cel.: (___) _____ - _____

Nome: _____

Tel.: (___) _____ - _____   Cel.: (___) _____ - _____

Nome: _____

Tel.: (___) _____ - _____   Cel.: (___) _____ - _____

Nome: _____

Tel.: (___) _____ - _____   Cel.: (___) _____ - _____

Nome: _____

Tel.: (___) _____ - _____   Cel.: (___) _____ - _____

TELEFONES IMPORTANTES

Nome: _____

Tel.: (___) _____-_____   Cel.: (___) _____-_____

Nome: _____

Tel.: (___) _____-_____   Cel.: (___) _____-_____

Nome: _____

Tel.: (___) _____-_____   Cel.: (___) _____-_____

Nome: _____

Tel.: (___) _____-_____   Cel.: (___) _____-_____

Nome: _____

Tel.: (___) _____-_____   Cel.: (___) _____-_____

Nome: _____

Tel.: (___) _____-_____   Cel.: (___) _____-_____

Nome: _____

Tel.: (___) _____-_____   Cel.: (___) _____-_____

Nome: _____

Tel.: (___) _____-_____   Cel.: (___) _____-_____

Nome: _____

Tel.: (___) _____-_____   Cel.: (___) _____-_____

Nome: _____

Tel.: (___) _____-_____   Cel.: (___) _____-_____

Nome: _____

Tel.: (___) _____-_____   Cel.: (___) _____-_____

TELEFONES IMPORTANTES

Nome: _____

Tel.: (___) _____-_____   Cel.: (___) _____-_____

Nome: _____

Tel.: (___) _____-_____   Cel.: (___) _____-_____

Nome: _____

Tel.: (___) _____-_____   Cel.: (___) _____-_____

Nome: _____

Tel.: (___) _____-_____   Cel.: (___) _____-_____

Nome: _____

Tel.: (___) _____-_____   Cel.: (___) _____-_____

Nome: _____

Tel.: (___) _____-_____   Cel.: (___) _____-_____

Nome: _____

Tel.: (___) _____-_____   Cel.: (___) _____-_____

Nome: _____

Tel.: (___) _____-_____   Cel.: (___) _____-_____

Nome: _____

Tel.: (___) _____-_____   Cel.: (___) _____-_____

Nome: _____

Tel.: (___) _____-_____   Cel.: (___) _____-_____

Nome: _____

Tel.: (___) _____-_____   Cel.: (___) _____-_____

ORI XÁS 2023

UMA PUBLICAÇÃO DA
EDITORA AROLE CULTURAL

ACESSE O SITE E DESCUBRA
WWW.AROLECULTURAL.COM.BR